洛克菲勒的一毛錢

精打細算的理財智慧

塔木德財富教育智慧書

一個人的賺錢能力不是天生的，但卻是可以從小培養的。
根據猶太人的經驗，智慧源自於學習、觀察和思考。

王海倫◎著

前言 群星璀璨猶太人

1 科技界的猶太巨擘

猶太科學家中，除了愛因斯坦外，尼爾斯・玻爾、「核和平之父」西拉德、「原子彈之父」奧本海默、「氫彈之父」特勒、天才物理學家理查・費曼、「控制論之父」維納、「世界語之父」柴門霍夫與「細胞吞噬者」梅契尼科夫等都是猶太人。

理查・費曼對物理學的貢獻非常之大，以致很多物理學家把他稱爲新的「物理學之父」，而愛因斯坦則是早先的「物理學之父」。費曼獲得一九六五年諾貝爾物理學獎。

猶太科學家哈伯，由於發現了合成氨而獲得一九一八年諾貝爾獎。

猶太科學家海因里希，由於在一九三一年發現了呼吸酶而獲得諾貝爾獎。

青黴素的發現者是三位猶太人：弗萊明、弗洛里和錢恩，他們於一九四五年同時獲得諾貝爾獎。

猶太科學家瓦克斯曼，因爲發現了鏈黴素而獲得了一九五二年諾貝爾醫學及生物獎。

猶太生物科學家亞瑟．科恩伯格，由於發現了賴氨酸的生物合成結構及去氧核醣核酸，而榮獲一九七五年的諾貝爾獎。

另一位諾貝爾獎獲得者是猶太生物學家勒韋，他用青蛙做實驗，從而證明了心臟跳動與某些化學物質，特別是與乙醯膽鹼在神經系統的釋放有關。

爲世界文明做出重大貢獻的猶太科學家還有：有機化學的創始人馮．拜爾、施溫格，物理學家馬克思．玻恩、李普曼、威斯塔特、卡羅、亨利、德里福斯等，他們大多獲得了諾貝爾獎。

在美國科技領域，猶太知識精英們的作用特別突出。據社會學家的統計，對美國人最有影響的兩百位文化名人中，有一半是猶太人。到二十世紀八〇年代初，在獲得諾貝爾獎的一百多位美國學者中，也有近半數是猶太人及其後裔。在美國東部的知名大學中，30%的教授是猶太人。

2 經濟界的猶太大亨

美聯準會主席葛林斯潘是當今最著名的猶太人。

薩繆爾森、戴衛・李嘉圖、亞瑟・伯恩斯、海爾・布隆納以及西蒙等一大批經濟界名人，都是猶太人。

如果談到經濟領域，猶太人被稱為「世界上最偉大的商人」，可以列出更長的令人矚目的名單，例如：被稱為「歐洲第六大帝國」的締造者羅斯柴爾德；世界石油大王，第一位十億富翁約翰・洛克菲勒；「金融大鱷」喬治・索羅斯；「新聞大王」約瑟夫・普立茲；「牛仔褲大王」李維・施特勞斯；金融巨頭皮爾龐特・摩根；有「紅色資本家」之稱的哈默……

在美國社會經濟領域，經過幾代人的奮鬥拼搏，大多數美國猶太人已成為中產階級，主要從事工商業、金融業和專業技術工作，只有 1%的人仍是非熟練工人。根據一九八八年的調查，有 47%的美國猶太人每年收入在四萬美元以上，而在非猶太人中，只有 25%的人才能達到這個水準；只有 10%的猶太人年收入在二萬美元以下，而在這個水準以下的非猶太人的比例為 29%。

在二十世紀上半葉，猶太工商業家已在服裝業和百貨零售業中居於統治地位。

到了戰後，特別是二十世紀八〇年代以來，他們進一步控制了皮毛業，在糧食加工業、電子業、餐飲業、娛樂業、鋼鐵業、石油業和化工業等領域的實力也日益增強。

雖然「猶太人控制華爾街」這句話有些誇大其詞，但猶太金融家在美國金融界的實力確屬首屈一指，其中如庫恩—洛伯公司、塞利格曼公司、萊曼兄弟公司、拉紮德兄弟公司、所羅門兄弟公司、戈德曼—薩克斯公司等，都是金融業頗具影響的巨頭。

此外，還有路透社的路透、《華盛頓郵報》的凱薩琳·格雷厄姆、CBS的創始人威廉·佩利、NBC的薩爾諾夫。

美國的電影業可以說是由猶太人奠基的，幾乎所有大製片公司的創辦人都是猶太裔人士，如華納公司的華納四兄弟，派拉蒙公司的阿道夫·祖柯，米高梅公司的路易士·梅耶、山繆·戈德溫等。

在新聞出版界，也湧現了一大批著名的猶太記者、編輯和專欄作家。現任美聯社董事會主席唐納德·紐豪斯也是猶太人。

3 思想界的猶太大師

可以毫不誇張地說，人類社會的思想界若沒有猶太人，將不會取得這麼快的發展。

耶穌是基督教的創始人，但祂卻是道道地地的猶太人，祂的思想對人類社會產生的巨大而深刻的影響，是其他任何人所不能相比的。

馬克思的貢獻就不必說了。

另一個影響世界的思想大師是猶太人佛洛伊德。他關於意識、潛意識的意識結構，本我、自我、超我的人格結構，人及人的本能理論，都開創了世界的新紀元。因而，他與馬克思、愛因斯坦被譽爲影響世界歷史的三位偉人。

世界上還有很多哲學家是猶太人，如「泛神論大師」斯賓諾沙、「現象學大師」胡塞爾、「新佛洛伊德主義者」弗洛姆、「哲學大師」維特根斯坦、「符號學大師」凱西爾、「青年造反者之父」馬爾庫塞，以及著名心理學家馬斯洛等。

4 文藝界的猶太巨匠

猶太人在文學、戲劇、音樂等方面，也取得了重要成就。像猶太思想家和科學家一樣，猶太著名藝術家也是群星璀璨。

著名的猶太畫家有畢卡索、拉斐爾、夏加爾、塞尚、布洛赫等。

猶太音樂家有孟德爾頌、梅紐因、馬勒、魯賓斯坦、卡拉揚、梅耶貝爾、勳伯格與帕爾曼等。

著名的猶太裔作家有海涅、茨威格、卡夫卡、普魯斯特、愛倫堡、戈迪默、柏格森、施尼茨勒、奈麗·薩克斯、亨利希·曼、湯瑪斯·曼、索爾·貝婁、艾·辛格、蕭洛姆·阿萊漢德、海澤、帕斯捷爾納克、布羅茨基、約瑟夫·海勒、塞林格、馬拉默德、艾倫·金斯堡、莫拉維亞、貝克特等。在當代美國的一流作家中，猶太裔作家占了60%以上。

著名的猶太電影大師、表演藝術家有史蒂芬·史匹柏、愛森斯坦、達斯汀·霍夫曼、保羅·紐曼等。

5 政壇上的猶太大腕

到二十世紀初，猶太人開始進入美國政界的上層。

第一位成爲內閣部長的猶太人是奧斯卡·斯特勞斯，一九〇六年至一九〇九年任希歐多爾・羅斯福總統的商業和勞工部長。

此後，越來越多的猶太人進入內閣。其中比較有影響的如羅斯福總統任內的財政部長亨利・摩根索，尼克森和福特兩位總統任內的國務卿亨利・季辛吉，卡特總統任內的財政部長邁可・布盧門撒爾。

柯林頓總統的六位重要閣員都是猶太裔：國務卿奧爾布賴特，國防部長科恩，財政部長魯賓，貿易代表巴爾舍夫斯基，國家安全事務助理伯傑和駐聯合國大使霍爾布魯克。

各大州和重要城市的州長、市長中，也有許多是猶太人。猶太裔的路易士・布蘭代斯曾擔任聯邦最高法院法官達二十三年，還有多名猶太人士擔任過最高法院法官。

至於被選爲歷屆國會議員的猶太裔人士，就更加難以一一列舉了。僅一九九八年選出的一百零六屆國會，就有猶太裔眾議員二十三人，猶太裔參議員十一人。

猶太家庭教育經典——《塔木德》

猶太教是產生於美索不達米亞地區的一種閃族宗教，後來逐漸發展爲人類最古老的一神教，與基督教、伊斯蘭教有著密不可分的淵源。在西元七〇年，耶路撒冷第二聖殿被毀後，隨著猶太人的大流散，猶太教傳播到世界各地，成爲對人類社會生活有著深遠影響的一種宗教信仰。

猶太教有三部經典：

一是《聖經·舊約全書》，即《塔納赫》。其前五卷被稱爲《托拉》（*Torah*），又稱《律法書》或《摩西五經》，是《聖經》中最重要的著作。

二是《塔木德》（*Talmud*），它對《托拉》中的「六一三條戒律」逐一作出了詳細解釋。

三是《米德拉什》（*Midlash*）。

《塔木德》是猶太人的智慧寶庫

在猶太人心目中，《塔木德》的權威性僅次於《聖經·舊約全書》。《塔木德》

全書共二十卷，一萬兩千頁，二百五十萬字，內容幾乎涉及人生的所有問題，而且對每一個問題都作了詳細論述，是猶太民族三千多年智慧的結晶，是猶太人超凡智慧的泉源，是猶太人世代相傳的寶典。

《塔木德》這部巨著，不僅是一部注解《聖經・舊約全書》的權威經典，而且是一部內容豐富、多姿多采的文學作品。其內容除宗教訓誡和道德說教外，還包括大量的神話故事、歷史傳說、民間習俗以及天文地理、醫學及植物學知識。整部作品通俗易懂，睿智雋永，成爲猶太人處世的指南，同時也對處於流散中的猶太人加強民族統一性、增進凝聚力，起到無比重大的作用。

直到今天，猶太人仍然在孜孜不倦地鑽研《塔木德》。許多人除了每天早上閱讀外，安息日更是特意安排幾小時的學習時間。有時幾個小時只讀了十幾句，可見其認眞程度。

《塔木德》是猶太人不可分割的一部分，是猶太人的靈魂。從某種意義上講，猶太文化就是《塔木德》文化，《塔木德》是猶太人的智慧寶庫。

《塔木德》是猶太律法的百科全書

猶太民族從起源就是一個流動不定的部落，部落構成混雜，定居不久又被驅趕著湧入大流散的洪流，以致造成猶太民族在民族邊界的標誌上，缺乏血緣和地域這兩個最基本的要素。

事實上，就其內部樞紐而論，能使猶太民族在四散分居的狀態下延存下來的，便是上帝的律法。猶太民族在種族意義上是一個開放的民族，它以是否遵守上帝的律法來，確定民族成員的身分。

猶太民族的律法精神，集中體現在《塔木德》中。《塔木德》是二千位學者在一千多年的討論和研究中寫成的，他們把這些學者的主要的觀點和意見寫出來，是大家相對集中思想的表達，其本身並沒有一個確定的答案。因此，嚴格地說，《塔木德》不是一部律法書，而是一部自己研究和探索的書，每一個猶太人的研究，都是他自己的見解和觀點。猶太人在一起學習《塔木德》的時候，也是他們互相交流和學習心得的過程。

《塔木德》並非是律法問題唯一的權威性解釋。猶太教鼓勵人們獨立思考。學生在猶太經學院中，即使把《塔木德》背得滾瓜爛熟，也不能算是一個好學生，因爲《塔木德》中都是別人的討論意見，你並沒有融會貫通地發表自己的見解。

《塔木德》是一部猶太律法的百科全書，內容包羅萬象，可以供參考借鑑，但絕不是行動的指南。《塔木德》是許多猶太學者的智慧結晶，研讀者可以同意這一位學者的看法，不同意另一位學者的意見。因此，猶太人認爲，自己學習並逐漸領悟，才是眞正的學習。

學習經典，尊重知識

猶太教歷經數千年的滄桑巨變，雖然屢遭劫難，流散各地，於顚沛流離之中仍能薪火相傳、不絕於世，並顯示其頑強的生命力。究其原因，眾說紛紜，但無法否認其文化傳統，尤其是經典文獻如《聖經》、《塔木德》所起的精神樞紐作用。有專家說：「如果《聖經》是猶太教的奠基石，那麼《塔木德》則是矗立在這基石之上，支撐猶太人整個精神和智慧大廈的中心支柱。從許多方面來說，《塔木德》是猶太文化最重要的著作，是猶太民族生活和創造力的泉源。」

猶太人尊重知識、重視教育的觀念，並非一時的看法，而是早已植根於猶太民族的腦海之中。在《聖經》和《塔木德》等聖典中，就充分體現出猶太人的求知熱忱。所有的猶太人都知道這個道理。因此，猶太人就特別重視學習。爲了讓自己的後代注意引導孩子學習，在他們小的時候，就引導他們學習猶太教。

《塔木德》被譽爲「猶太智慧的基因庫」，而作爲希伯來語音譯的「塔木德」一詞的本意，正是「鑽研或研習」。《塔木德》認爲，學習是一種至善的行爲，是一切美德的本源。《托拉》是這樣說的：「愈學《塔木德》，生命愈久長……，精通《塔木德》的人，便在來世獲得了永生。」、「研習《塔木德》的人值得受到尊敬。他會被稱爲一個朋友、一個可敬的人、一個崇敬上帝的人；他將變得溫順謙恭，變得公正、虔誠、正直、富有信仰。他將能遠離罪惡、接近美德。透過他，世界就有了智慧、忠告、理性和力量。」

經典文獻要成爲民族生活和創造力的泉源，還需依賴於教育。在猶太教中，宗教權威稱爲「拉比」，意爲老師（早期用阿拉米語稱「坦拿」，就是教師。後期稱「阿摩拉」，即完成《塔木德》的幾代教師）。「拉比」在猶太人心目中，是代表上帝向世人宣話的使者，是猶太人的精神領袖，是猶太教職的一種。

經典文獻《托拉》，意爲「訓誨」，《塔木德》意爲「教導」，《米德拉什》意爲「講解」，而《密西拿》也意爲對律法的「重複學習」。《革馬拉》在阿拉米語中也是

「學習」。由此粗略看來，猶太教是一個推崇學習、注重教育的宗教。宗教教育在猶太教中，顯然起著延續和鞏固傳統文化的特殊作用。

他們這些教義，就是鼓勵猶太人從小要喜歡學習。把鑽研和學習提到信仰的高度來看待，這在世界上的各種宗教中是絕無僅有的。這一做法所產生的影響極爲深遠——猶太人非常重視知識，在他們看來，無知的人不可能是虔誠的。

猶太傳統婚姻也體現著猶太人尊重知識的精神，困境中，猶太人最懂得優生優育的道理：才智一般的猶太人尚難立足社會，更何況才智低下的人呢？

猶太社會非常追求「門當戶對」，但這種「門當戶對」不完全是財富與門第的匹配，而是人的素質的匹配。富人願爲子女尋找有才華的青年，或品行好的拉比家的子女，不管他是貧是富。貧窮的父母寧肯變賣家中財富，也要爲子女找一個有學識的人家。有一條猶太格言是這麼說的：「即使變賣一切家當，使女兒能嫁給學者也是值得的；爲娶學者的女兒爲妻，縱然付出所有財產也在所不惜。」

猶太人一心追求知識，並以不同尋常的方式，運用知識作爲謀生的手段。在二十世紀初，美國工業管理委員會發現，猶太母親的就業率，大大低於其他民族，她們留在家裡照看孩子，確保孩子上大學。而當時同爲移民的義大利人，對美國教育疑慮重重，他們把孩子當做田裡工作的好幫手，認爲教育是一種人力剝削。由於看不到孩子上學的重要性，其結果是孩子翹課多、輟學早、成績差、少年犯罪率高。而猶太兒童則因爲學習成績好、聽話和總體的行爲良好，爲老師所喜愛。

目錄

CONTENTS

CONTENTS

第一章

CLASSICAL STORY THE BIBLE OF JEWISH HOME-EDUCATION

猶太家庭的智慧教育

PART 1

猶太人以上帝的「特選子民」自居。

正是這樣的選民意識和由之而來的使命感，
成為歷代猶太人的精神支柱，
使他們能夠在極端困苦的歲月裡充滿自信，
以堅忍不拔的毅力，發憤圖強，自強不息，
克服困難，成就非凡。

1 培養孩子的慎獨精神

經典故事

上帝的方式

約瑟是雅各的第十一個兒子，由於遭兄長嫉妒，在少年時被他們偷賣至埃及爲奴。由於約瑟的聰明和能幹，他後來做了埃及的宰相。

有一年，因爲天大旱，莊稼顆粒無收，兄長們受父親的委託到埃及買糧，約瑟見到了他的兄長們。

在喊退僕人後，約瑟對哥哥們說：「我是約瑟，我的父母還好嗎？」

他的哥哥們嚇壞了，尤其那些主張賣他的哥哥們。

接著，約瑟又對哥哥們說：「走近些。」

約瑟又對他們說：「現在，你們不要因爲把我賣到這裡而感到難過或譴責自己，那是上帝爲了救我們而把我送到這裡來的。家鄉發生饑荒已經兩年了，接下來還有五年時間，所有的土地將要顆粒無收。上帝讓你們把我送來，是爲了讓你們繼續存活，他是以特殊的方式搭救你們的性命。所以是上帝而不是你們把我送到這裡來，他使我成爲這裡所有財產的主宰者，成爲埃及的統治者。」

這個故事選自《聖經》。

約瑟把自己少年時的苦難，看做上帝拯救自己和民族的行爲，其實是一種「寬以待人、化敵爲友」的處世哲學。

對整個人類充滿愛心而眞誠地愛護每個人，這就是千百年來猶太人的傑出處世智慧。

❖《塔木德》智語

「行正直路的，步步安穩；走彎曲道的，必致敗露。」

「好處可以分享，但自己的責任一定要自己負。」

「不義之財毫無益處，唯有公義能救人脫離死亡。」

「葡萄長得越豐碩，就越會低下頭來。同樣，越有智慧的人，便越懂得謙虛。」

自己的責任一定要自己負

《猶太法典》說：「原以爲一定會有人帶蠟燭進去，可是一走進房間裡，發覺整個房間都是黑漆漆的，沒有半個人拿著蠟燭。其實只要每個人都拿一根小蠟燭進去，這個房間就會像白天那般的明亮。」

猶太教是堅決反對猶太人放棄自己的責任與義務的。古代的拉比說過：「好事可以分享，自己的責任一定要自己負。」因爲不管是把事情推給別人，還是歸咎於環境，自己的責任仍然存在而無法消失。所以猶太人總不把義務推給別人。他們認爲放棄自己的責任，是上帝不能寬恕的事情，因此，人永遠無法逃避責任，自己的責任一定要自己負。自瞞自欺易，但欺人欺世難。所以在現實生活中，猶太人從不逃避自己的責任。爲了負起自己的責任，他們甚至可以傾家蕩產、犧牲生命。

正是因爲猶太人在任何時候都勇於承擔自己的責任，所以他們在他人心中的印象，是慎獨、正直、自尊、獨立、不依賴他人。

這種「唯我可信」的做法，也使他們在處理所有事務時，小心謹愼、認眞思考後再做出抉擇。所以，猶太人很少上當受騙。

經典故事

尊　嚴

一群逃難的人來到了南加州沃爾遜小鎮，善良的沃爾遜人家家燒火做飯，給這些逃難的人吃。逃難的人們看到飯，顧不得許多，狼吞虎嚥地吃了起來。

只有一個猶太人例外。他當時也和逃難的人一樣，饑餓難忍，當鎮長傑克遜把食物給他時，他卻要以自己的勞動來換取這些食物。在饑腸轆轆的時候，他沒有失去自己的尊嚴。

這個舉動深深地感動了鎮長傑克遜。他對這個猶太人十分讚賞，並將他留下來做自己的幫手。

不久，這個猶太人便成了傑克遜的心腹好手。最終經過他的不懈努力，終於有了一筆讓所有美國人羨慕的財富。

這個猶太人就是「石油大王」哈默。

從我做起

猶太人「從我做起」的，以自我為基點的人生觀念，並不是集體與個體相背離的，猶太人「從我做起」的意義，在於既提升了自己，又影響感化了別人，這比單純地要求別人要強得多。正如在猶太復國運動中體現出來的，猶太人不論貧富和地位懸殊，一律為著心中的以色列建國而積極努力，他們從沒有想過要求別人為重建國家而做些什麼，而只是想著「我能為祖國的重建做些什麼」。正是這種先從自己做起的理念和精神，昇華了猶太民族的集體感和凝聚力，才使他們能夠在四散各地的情況下緊密相連，並最終促成了以色列的再生。

猶太人有著凡事從自己做起、善於自我反省、慎獨自律的傳統。作為上帝的「特選子民」，他們信守合約，遵守法律，弘揚正氣，對社會負責，從不逃避自己的責任。

在商業活動中，猶太商人嚴格遵守契約，哪怕這種約定是口頭上的。他們相信，只有從自己做起，從自己這方面去執行合約，才符合上帝對「特選子民」的要求，而只有這樣，才能真正體現契約的精神——按照約定來履行自己的義務。雙方都按約定來要求自己，這樣契約的價值才能真正體現。否則，一方不從自己做起，卻要求對方，那契約的執行就會遇到困難；如果雙方都想著用契約去牽制別人，那麼這個契約就可能要破裂。正是這種先從自己做起，自己嚴格要求自己遵守約定的商業精神，使猶太人獲得了「世界第一商人」的桂冠。

同樣地，在猶太企業家的經營管理活動中，他們從來都是以身作則，自己先作好表率，然後才以自己的行動去感化、影響別人，很少有自己都沒有遵守、卻讓別人遵守的情況。或許，遵守規章、履行契約、從我做起，這些只是猶太人從我做起的比較淺層次的表現。在內心的靈魂深處，猶太人有著可貴的「慎獨」精神，也就是可貴的自我反省、自我批評的精神，他們總是去問自己做了什麼、做對了什麼、應該做什麼，卻很少去要求別人該怎樣。

猶太民族弘揚「慎獨精神」，但絕不意味著一切以自我爲中心，他們絕不提倡「獨善其身」式的「隱士」，而是教導人們團結，要和大眾生活在一起。

經典故事

為他人「背黑鍋」

有一次，有位拉比要召集六個人開會商量一件事，邀請他們第二天來。可是，到了第二天卻來了七個人，其中肯定有一個人是不邀自來的。但是拉比又不知道這第七個人究竟是哪一位。於是，拉比對大家說：「如果有不請而來的人，請趕快回去吧！」

結果，七個人中最有名望、大家都知道一定會受到邀請的那人卻站了起來，然後快步走了出去。

大家都很明白，這位有名望並已被邀請的人，爲他人背了黑鍋。這七個人中未受邀請的人，既然已經到這裡了，卻要他承認不夠資格而退回去，是件令人難堪的事。因此，這位有資格的人挺身而出，寧願自己名義上受點影響，也要保護那個不請自來的人的自尊心，讓他混跡其中。

那位有名望的人用心良苦，他能設身處地爲他人著想，並採取巧妙的行動，正體現了「不要向別人要求自己也不願做的事」那種精神。

這個有名望的拉比的舉動，表面上看來令自己「背黑鍋」，而實際上使他的聲望更高了。

《塔木德》編選這個故事，意在說明幫助別人、注重和氣，可使人人得益的道理。

2 讓孩子具有團隊精神

經典故事

拉比為什麼哭

有個拉比，行爲高尚，爲人親切而仁慈，對神虔敬，做事審慎，因此他理所當然成爲受人景仰愛戴的人。

過了八十歲後的某一天，他的身體突然一下子開始變得虛弱了，很快地衰老下去。拉比知道，自己的死期已經臨近，便把所有的弟子叫到床邊。

學生們問：「老師爲什麼要哭呢？難道您有忘記讀書的一天嗎？有過因爲疏忽而漏教學生的一天嗎？有過沒有行善的一天嗎？您是這個國家中最受尊敬的人，最篤敬神的人也是您。」

拉比卻說：「正是因爲像你們說的這樣，我才哭啊！我剛剛問了自己：你讀書了嗎？你向神祈禱了嗎？你是否行善？你是否做了正當行爲？對於這些問題，我都可以作肯定的回答。但當我問自己，你是否參加了一般人的生活時，我卻只能回答：沒有。所以我才哭了。」

以後的拉比們常用這則故事，來勸說一些不在猶太人共同的活動中露面的人，以使他們一起「參加一般人的生活」，從而培養人們團結的習慣。

誰的功勞大

從前，有個國王得了一種世界上罕見的奇病。經醫生診斷，此病只有喝了獅子的奶才能痊癒。可是怎樣才能得到獅子奶呢？大家都一籌莫展。

一個聰明男孩得知此事後，想出了一個辦法。他每天都跑到獅子洞穴附近，給母獅子送上野物。到第十天的時候，他已經和母獅子很親密了，他試著從獅子那裡取到了一點獅子奶，可以給國王當藥用。

可是在去王宮的路上，他身體的各個部位卻在爲誰的功勞大而吵了起來，鬧得不可開交。

腳說：「如果沒有我，就走不到獅子洞，自然就取不到奶。」

手說：「如果沒有我，怎麼能拿到奶？」

眼睛說：「如果沒有我，看都看不到獅子，怎樣取奶？」

這時，舌頭突然說：「大家不要吵了，是我們的共同功勞，大家都是不可缺少的……」

身體的其他部位一聽，極其氣憤，群起而攻之：「你是不是在暗示你的功勞最大，你完全沒有價值，這裡沒有你的份兒。」

「到底我有沒有用處，待會兒你們就知道了。」舌頭說。

到了國王那裡，男孩獻上獅子奶，國王分辨不出這是什麼奶，便問那男孩，舌頭爲了教育大家，故意說：「這是狗奶。」

這時，身體各部位才知道舌頭的重要，連忙向它道歉。

舌頭改口說：「是我說錯了，這是貨眞價實的獅子奶。」

獅子奶治好了國王的病，國王給了這個小男孩很多賞賜。

猶太人就是這樣重視大家的團結，承認每一個人的作用，與其和睦相處。

❖《塔木德》智語

「若想知道你是否眞心敬愛神，只要看你是否愛你的朋友就知道了。你應當盡心、盡情地愛你的兄弟。」

「誰是最強大的人？能化敵爲友的人。」

團結互助的猶太民族

上帝爲什麼只造了一個亞當呢？

《塔木德》這樣解釋：「因爲當初只造出一個人，他的後代就會溯源而上，每個人都會發覺大家都是來自同一個祖先，人們就會團結；所以，也就不會有人不同於另一個人的說法了，因爲大家都是從同一個亞當那裡繁衍下來的。」

猶太民族團結互助的觀念很強。對於自己的同胞，猶太人會不遺餘力地幫助。富人會盡量幫助窮人，並且認爲提供幫助是「富人的義務和責任」；窮人也認爲獲得富人的幫助是「窮人的權利」。即使對於其他民族的人在需要幫助時，他們也不會放任不管。

自古猶太人生活當中就有很強的精神因素，他們是靠信仰生活的一個群體。猶太文化以先知著名，這些精神領袖（包括後來的猶太教師）是猶太人精神上的指路人，他們告誡猶太人要堅信自己的宗教，受盡苦難的猶太人終會有救世主彌賽亞來拯救他們。這種整體得救的宗教信仰，保持了散居各國猶太人的團結和自己的文化特徵；猶太教堂既是宗教禮拜場所，也是教育機構。在這種氣氛之中，猶太人從幼年起，就容易養成對思考的摯愛和對精神活動的重視。

美國猶太人保持緊密的家庭關係，宗教是家庭生活的重要部分，居住在團結互助、共同管理教育機構的社區。

從西元前五世紀以色列被人擄歸回算起，二千五百年中，猶太教建立了一整套宗教活動與禮儀、教規。

猶太教的節日及各種宗教儀式，是猶太教育的重要組成部分。猶太民族透過節日的慶典和各種宗教儀式，可以重溫猶太民族的歷史、加深民族意識，從而得到更強有力的民族團結。並且還可以進一步對宗教典籍進行學習，從經典中獲取啓發、教訓、知識和智慧。這些對猶太兒童有著潛移默化、言傳身教的重要作用。

爲了民族的生存，猶太人認識到，只有民族團結、自立自強時，才能控制自己民族的命運，不會臣服於其他出錢的團體，從而失去自己的民族。

如果不是猶太民族的自立自強，他們根本不可能被獲准進入美國定居。在十八世紀，美國新阿姆斯特丹領袖史塗威森曾拒絕讓猶太人進入這個殖民地，一直到猶太人保證照顧自己族群的老弱病殘後，才同意他們定居。

美國猶太人主要透過積極參加選舉、提供政治捐款、發揮輿論工具的作用，以及透過院外集團施加影響等途徑或形式來參政幫助本族人。據統計，在各族裔中，猶太人是投票率最高的，一般高達90％。而猶太人主要聚居的紐約、加利福尼亞、賓夕法尼亞、伊利諾、麻薩諸塞、密西根、紐澤西、俄亥俄等州，又是參加兩黨代表大會代表較多、產生總統選舉人較多的州，其選舉結果會對全國選舉的大局產生重要影響。難怪每當總統選舉和議會選舉之時，兩黨都不惜代價，爭奪猶太人的選票。

另外，美國猶太人在報刊、廣播、出版、電影等方面擁有巨大影響，每當發生事關猶太人或以色列利益的論爭之時，輿論界的「猶太幫」都會協調一致地採取行動，往往能發揮極佳的宣傳效應。

在美國的院外集團中，猶太院外集團是組織最嚴密、活動效率最高的。如以「美以公共事務委員會」爲核心的親以色列院外集團，就有一個與全美各猶太組織和社團保持密切聯繫的網絡，透過該網路去影響猶太選民、國會議員、政府官員，甚至向白宮進行遊說。

五十年來，美國一直是以色列的頭號盟友，並給予以色列上千億美元的巨額援助，這正是美國猶太社團親近院外活動的直接結果。

當出現反猶活動時，美國猶太人立即會團結一致地予以反擊。

經典故事

猶太人的團結精神

一九四七年十一月二十九日，聯合國大會通過巴勒斯坦「分治」的決議，這意味著以色列的即將誕生。這個決議公佈後，巴勒斯坦境內（即未來的以色列的部分國土上）出現阿拉伯人的動亂，中東戰爭一觸即發，猶太總會決定立即籌款，建立自己的武裝部隊。

消息傳到美國，幾乎所有猶太人都行動起來，各種猶太組織主動爲以色列募捐。以色列前總理梅厄夫人到達美國僅兩天時間，就有五千萬美元募捐款交到她手中，保證初生的以色列沒有被扼殺在「搖籃」裡。

在第四次中東戰爭中，透過各種外交活動，前蘇聯向埃、敘提供了五十四億美元的援助；美國向以色列提供了近十三億美元的援助。

以色列財政部長薩比爾曾赴世界各地「化緣」，主要做猶太人工作，收效明顯，僅美國的猶太人就捐獻了七億五千萬美元。法蘭克福的一個猶太人，把一張支票交給駐德的以色列大使，告訴他願意填多少就填多少。

整個世界一次次見識了猶太人的樂善好施，其實是猶太人的團結精神起了決定性作用。

「眾神之神」老摩根

一九〇七年，美國經濟到了金融危機的邊緣。從年初開始，華爾街就一直提心吊膽地等待崩潰的來臨。儘管當時的華爾街流傳的「至理名言」是：假如人們普遍預期市場崩潰的話，那麼這種崩潰就不會發生。然而在一九〇七年，這種說法卻被事實無情地粉碎了。

美國的金融資本一向投機性極強，過度投機和僵化的貨幣政策的聯合作用，使美國經濟總是週期性地、不可避免地爆發經濟危機。一九〇七年，這個循環怪圈又一次轉到了危險邊緣。

一九〇七年三月底，紐約股市出現了令人恐慌的拋售。當時威廉・洛克菲勒、雅各・西夫、愛德華・哈里曼等金融巨頭，曾聚集在摩根總部——華爾街二十三號舉行秘密會議，希望聚集一筆資金來穩定股價。儘管小摩根樂意合作，但當時正在倫敦的老摩根卻一口回絕了。

而可笑的是，由於謠傳說「皮爾龐特也參與了救市努力」，股市竟在第二天就回升了，以至於擬議中的救市計畫乾脆被束之高閣。

然而，這種幸運不可能總存在的。一九〇七年十月中旬，危機再次顯露。銀根緊縮和市場在銅、採礦和鐵路股票上的過度投機，終於導致了恐慌！而信託投資公司的草率行事（股票質押貸款），更使市場迅速疲軟並面臨崩潰。

當時，老摩根正在里士滿參加聖公會大會。接到合夥人們雪片一樣的加急電報後，出於一種道義感，他對同行的朋友說：「他們在紐約遇到麻煩了，不知道該怎麼辦。我也不知道，但我必須回去。」

十月二十一日，星期一，老摩根回到華爾街的第二天，利空消息導致銅類股票崩潰。二個小時內，聯合銅業的股價竟暴跌了35%，並拖垮了整個股票市場，股價跌到了一八九三年蕭條以來的最低點。

銅類股票的崩盤，又直接危及到了那些貸款給投機者的信託公司。尼克博克信託公司是一家與投機者有密切業務聯繫的公司，股票暴跌嚇壞了它的一萬八千名儲戶。第二天一早，擠兌隊伍便出現在尼克博克公司總部的門口。

在二十二日早晨，他成立了一個由年輕銀行家組成的委員會，成員包括第一國民銀行的亨利．大衛森和銀行家信託公司的班傑明．斯特朗，後來的紐約聯邦儲備銀行執行長。

就在那天晚上，當時的財政部長克特柳向摩根做了合作的保證，並將二千五百萬美元（約合現在的三億美元）的政府基金交由老摩根掌管。

就這樣，老摩根一個人承擔起了挽救國家金融危機的重任。

在老摩根的領導下，他們頂住了長達兩個星期、蔓延全市的擠兌風潮；提供了避免紐約證券交易所關閉所需要的周轉資金，挽救了紐約市的財政；最後，甚至使互不信任的信託公司達成協議，成功籌措到一筆資金，以保護相對較弱的信託公司。

到了十一月四日，隨著市場信心的重新樹立，股市終於開始回升，擠兌的人群也慢慢散去了。一場本有可能演變為全國範圍大蕭條的危機，雖然沒有完全避免，但竟然戲劇性地被消化掉了許多。

在處理危機期間，老摩根不顧自己已經七十高齡且患有重感冒的身體，一天工作十九個小時，與數以百計的各色人等談判，協調銀行、信託公司、經紀行、證券交易所，乃至政府之間互相衝突的利益，最終使之形成一種合力，挽救了危機，使損失降到了最小。

他以他本人的堅定意志，穩定了正在喪失的華爾街的意志。

在一九〇七年那一刻，摩根突然成了唯一的救星。他就是美國的中央銀行，就是「眾神之神」，他對美國社會的影響，由於處理這次危機中的傑出表現而達到了頂峰。

培養孩子團隊精神的活動

孩子參加的第一個團體活動，最好是家庭活動。儘管家庭與孩子的同伴團體不一樣，但也可以爲孩子培養團體精神，而且還不必擔心被拒絕。

家庭會議可以當做一個團體，它能讓孩子有機會扮演不同的角色。比如，全家準備出去旅行時，孩子就可以發表意見，父母就加以考慮。當討論某一個星期日下午採取什麼行動時，讓孩子擔任主持人，集中其他人的意見，主持投票，宣布結果。

因此，定期舉行家庭會議非常重要，最好每週一次，以便孩子可以獲得團體意識。

孩子七、八歲後，應該鼓勵他們盡可能參加各種類型的團體。

父母也許希望孩子參加較大的團體，但研究表明，孩子們更容易與範圍較小的團體融爲一體，如以某項技能、興趣愛好、社會服務等爲基礎的特定團體等。這些有主題的團體成員，在個性、興趣和社會技能等方面，更有可能處於同一水準，因而更容易相處。

這些特定團體包括：運動隊、樂團、電腦、圍棋、喜劇俱樂部、舞蹈班等，以性格爲基礎的自然科學班、人文科學班等，附屬於成人組織的團體等。

3 勞動使孩子勤勉

經典故事

老人的無花果樹

有一次，所羅王看見一個老人正在種樹，問他是什麼樹，老人告訴他是一棵無花果樹。

所羅王又問：「你是否想到你可能無法享受它的果實。」

老人回答說：「勞動是我的習慣，即使我不能活到吃無花果的時候，我的孩子將會吃到。或許上帝會特赦我，讓我如願。」

「如果你能夠得到上帝特赦而吃到這棵樹的果實，」所羅王對他說，「請你來見我。」

時光流逝，果樹果然在老人的有生之年結出了果實，於是，老人裝了滿滿一籃子無花果來見所羅王。他對所羅王說：「我就是你碰到過的那個種無花果的老頭，這些無花果是我勞動的成果。」

所羅王非常高興，命老人坐在金椅子上，賞了他一籃子黃金。

所羅王的僕人反對說：「您想給一個老猶太人那麼多榮譽嗎？」

所羅王回答說：「造物主給勤勞的他以榮耀，難道我就不能做同樣的事情嗎？再說，我這樣做，傳到鄉間，他們都會努力勞動的。」

❖《塔木德》智語

「流淚撒種的，必歡呼收割。」

「辛勤的人必掌權，懶惰的人必受苦。」

只有勤勉，才能得到收穫

猶太人認爲，勤勉或懶惰很少來自一個人的本性，很少有人一生下來就是辛勤的工作者，也很少有人是天生的懶惰蟲，大多數人的勤勉或懶惰都是習慣所致。此外，孩童時期的家庭環境以及所受的教育，也都有很大的影響。

勤勉有兩種：一種是外力強迫的勤勉，另一種是自願的勤勉。

在貧窮時代裡，猶太人為了生活，咬緊牙關辛勤工作，在非常惡劣的環境中，長時間地從事體力勞動，因為如果不如此的話，便無法維持生活。

這是一種很讓人不情願的勤勉，唯有自覺的勤勉，才能眞正長久地堅持下去，成為一種良好的習慣。

因而在猶太人的家庭裡，猶太人的父母很注意培養他們子女的這種勤勉，比如父母們經常會給他們的小孩一份清單：

「吉米拖地十五美分，收拾好自己的床鋪十美分，清除花園的雜草二十美分。」

「瑪麗插花十美分，洗碗十美分，收拾房間三十美分。」

父母告訴孩子們，這就是他們的零用錢。要零用錢，就必須自己好好幹活，不然就不能得到他想要的零用錢。如果他想得到更多的零用錢，那他就只有在家裡做更多的家事，父母不會隨便地給他們錢，目的就是鼓勵他們多幹活。

猶太人父母們這樣做的意圖很明顯，就是要孩子們知道，只有努力幹活，才可以得到收穫，懶惰的人是什麼也得不到的。這樣，等到這些孩子長大了，大多都能勤奮工作。

因而，猶太民族的勤勉和任勞任怨的程度，是其他民族的人少見的，猶太人裡有不少是「工作狂」，他們的敬業精神，讓其他民族的人敬服。

實際上，所有人要想獲得成功，必須經過超人的頑強奮鬥，一般性的奮鬥是很難成功的。

猶太民族是世界上最爲努力的民族，猶太人似乎是一群從來不知道疲倦的辛苦工作的人，他們可以在長期的工作中，忍辱負重地工作而沒有絲毫的怨言，在猶太巨富的身上，人們可以看到，他們一般都可以長期默默地埋頭工作而不爲外人所知曉，人們似乎早已經忘記了他們，而他們也似乎和這個世界沒有任何關係，然而有這麼一天，他們卻獲得了意外的巨大成功。人們不能不爲這些勤勞的人感到驕傲。

經典故事

我需要一天工作四十八小時

猶太大亨洛克菲勒的工作異常勤奮，他常常一天工作十五、六個小時，有的時候甚至一天工作十八、九個小時。他平均每週工作七十六個小時，經常是別人下班了，他還在工作。

洛克菲勒說，如果什麼都不想做，那一天工作八個小時就可以了，可是你如果想做點什麼，那麼你下班的時候，正是你工作的開始。

別人問洛克菲勒，怎麼能一天工作二十個小時，他卻說：「一天工作二十個小時怎麼可以，我需要一天工作四十八個小時。」

人們看到洛克菲勒的時候，他總是在忙於工作。於是人們說，洛克菲勒只有睡覺和吃飯的時候不談工作。

這位世界的大富翁，就是這樣緊張而勤奮地工作著。

電報業巨子薩爾諾夫

電報業巨子薩爾諾夫，小的時候家裡十分清貧，沒有機會讀書。讀小學的時候，他就不得不利用放學時間及假日做工，賺點錢貼補家用。當他小學快畢業時，父親因爲長年辛苦而積勞成疾，過早地去世了。薩爾諾夫沒有辦法繼續學習了，只好輟學做了童工。

十五歲的薩爾諾夫就開始步入了社會，並挑起了全家生活的重擔。他一邊賺取微薄的工資補貼家用，一邊開始自學。

幾經周折後，薩爾諾夫在一家郵電局找到一份送電報的工作。他的工作異常辛苦，一天要送二十份電報，爲了一份電報，有時候要跑上幾英里路。當他回到家裡的時候，往往已經是深夜兩、三點了，他又累又餓，幾乎不能再多走一步路。於是吃完一點飯，他就趕緊睡覺。爲了多送幾份電報，他又不得不在早晨五、六點鐘的時候趕到電報大樓。

儘管如此，薩爾諾夫始終沒有忘記將來要做一番事業的願望。於是，他開始學習當時幾乎沒有幾個人掌握的國際摩斯電碼操作方法。

薩爾諾夫減少了每天送電報的時間，把時間擠出來學習。當時只有初中程度的他，要學習這樣的先進技術，其難度是可想而知的，但由於他驚人的決心和毅力，居然學會了這項高難度的技術，於是他被破格提升爲報務員。

在公司的研究所，薩爾諾夫學完了電氣工程學的專業知識，成爲當時世界功率最強的電台——馬可尼無線電公司的收發報員。

在一九一二年四月的震驚世界的大型豪華客輪「鐵達尼」號遇難的時候，薩爾諾夫是世界上第一個收到沉船資訊的人。

長期的電報工作，讓薩爾諾夫敏銳地發現無線電技術的市場化，具有廣闊的前景。公司認爲薩爾諾夫具備了經理的思維和能力，於是在他三十歲的那年，被提拔爲無線電公司這所特大型高科技公司的總經理。

薩爾諾夫這樣卓越的成績，在當時是絕無僅有的。這些完全歸功於他那種頑強堅韌的工作態度帶給他的好運。

如何培養孩子的勤勉習慣

猶太家庭一般都有兩個以上的孩子，父母對孩子的勤勉教育，是從家務勞動開始的，具體安排如下：

爲三至四歲孩子安排的勞動有：

・把自己的髒衣物放到洗衣房。

・幫助父母收拾房間和玩具。

・協助父母把乾淨的衣物放好。

爲四至五歲孩子安排的勞動有：

・給家裡的植物澆水。

・協助大人擺放和整理飯桌。

- 洗碗。
- 餵寵物。

爲六至八歲孩子安排的勞動有：

- 取報紙。
- 整理自己的房間。
- 擺放和整理飯桌。

爲九至十歲孩子安排的勞動有：

- 擦洗家具。
- 完成部分做飯的準備工作。
- 洗衣服。
- 擦地板。
- 協助清理院子。

4 培養孩子的忍耐力

經典故事

不會發火的希雷爾

有一次，有兩個人打賭，有一個聲稱他能讓希雷爾（猶太史上最偉大的拉比之一）發火，否則就要輸給對方四百元。

這天剛好是安息日前夕，他們估計希雷爾像往常一樣在洗頭。

這時，有個人來到門前，大聲喊道：「希雷爾在嗎？希雷爾在嗎？」

希雷爾趕忙用毛巾包好頭，走出門問：「孩子，你有什麼事？」

「我有一個問題要請教。」

「那就請講吧！」

「爲什麼你的頭是圓的？」

「你提出一個重要問題，原因是我出生的時候缺乏熟練的產婆。」

那人聽完，不發一語，扭頭就走。

剛過了兩分鐘，他又來了，大聲喊道：「希雷爾在嗎？希雷爾在嗎？」

希雷爾又趕忙用毛巾包好頭，走出門問：「孩子，你有什麼事嗎？」

這個人又問了一個侮辱性的問題，希雷爾平靜地回答了他。

這個人就這樣三番五次地來挑釁，希雷爾總是彬彬有禮地回答他。

最後，這個人服氣了。

他問希雷爾：「你就是那個被稱作以色列親王的希雷爾嗎？」

「不錯。」

「但願以色列不要有許多像你這樣的人。」

「爲什麼？」

「因爲你，我輸掉了四百元。」

希雷爾問明情況，對他說：「希雷爾是值得你爲他輸掉四百元的，即使再加四百元，你也不會使希雷爾發火的。」

三隻青蛙

有三隻青蛙掉進了鮮奶桶中。

第一隻青蛙說：「這是神的意志。」於是牠盤起腿，一動不動，靜靜地等待著。

第二隻青蛙說：「這桶太深了，沒有希望出去了。」於是，牠在絕望中慢慢死去。

第三隻青蛙說：「糟糕，怎麼掉進鮮奶桶裡了，但我的後腿只要還能動，我就要奮力向上跳。」

第三隻青蛙一直努力跳，但一直沒有成功。但牠並沒有停止努力，慢慢地，青蛙的後腿碰到了堅硬的東西，於是他奮力一躍，跳出了奶桶。

原來，鮮奶在牠的不停攪動下，變成了乳酪。

第一隻青蛙相信宿命，第二隻青蛙毫無信念而言，第三隻青蛙堅守信念，永不放棄，頑強努力——它是猶太人在這個世界上的真實寫照。

❖《塔木德》智語

「有十個煩惱比僅有一個煩惱好得多。」

「人的眼睛是由黑白兩部分組成的，但是爲什麼只讓透過其黑暗的部分看東西？因爲人必須透過黑暗，才能看到光明。」

「今天將要發生的事，我們都還不知道，何必爲明天而煩惱。」

堅忍不拔的猶太人

猶太人從《聖經》的時候開始，就遭受無盡的迫害，一部猶太人的歷史，簡直就是他們遭受迫害的歷史。而這也造就了他們堅忍不拔的性格。

猶太人頑強而堅韌的精神，以及勇於挑戰風險、永不氣餒的進取意識，是他們成功的一個重要精神來源，從而使他們在充滿競爭的世界上縱橫捭闔、卓爾不群。

在一家有名的博物館，在不太惹人注意的牆上，掛了一幅特殊的畫，題名「將軍」。畫上是一個人和一個魔鬼在下棋。圖畫中的人集合了所有的智慧，在與魔鬼奮力拼殺。

這盤棋，象徵著人類在世界上的生活，所以比賽顯得尤其重要，爲了獲勝，雙方均使出了渾身的解數，令人遺憾的是，局面出現的形勢是：魔鬼將了一軍，人類眼看就要落敗了。

有位特別的人來參觀博物館，看到了這幅畫，並且深深地瞭解了畫的涵義，激動地站在畫前不肯離去，嘴裡蹦出這樣一句話：「魔鬼怎麼能將人的軍，會有這樣的事情嗎？」

他又凝視了許久，突然一躍而起，瘋狂地大叫：「騙人，騙人！」

「還有希望，還有一招……」

的確，魔鬼經常使人瀕於毀滅的邊緣，可是，人類經常都有最後的一招，那正是起死回生的一手，人類的希望就在這裡。

貌似絕望的棋局，還有解救辦法，就是說，人類還有一步好棋可以走，走了這一步，人類就可以贏。

生命的天平，常在希望和絕望之間擺動不定。只要加強希望的分量，就能保護生命，就可以使天平的指標傾向於人類的方向。

猶太民族正是憑藉著這種生存意志，在各大洲之間輾轉遷移。

他們認爲，只有飽嘗苦難和貧窮的人，才能在商場上有所作爲，從而摘取生活甜美的果實。

經典故事

一息尚存，就永不絕望

在第二次世界大戰的時候，德國占領了東歐，對猶太人實施非人性的統治，目的就是把他們斬盡殺絕。

在某個小鎮上，有個猶太人家庭，一家五口爲了躲避德國軍隊，只好躲在一間倉庫的小閣樓上，吃喝全靠朋友們接濟。

每當納粹巡邏隊或者不懷好意的市民走近倉庫，他們就嚇得屏聲斂氣，一點聲音都不敢發出來。時間一長，他們完全學會了用動作來表達感情。

三個月後的一天，母親外出覓食未歸，關心他們的市民說：「你們的母親肯定是被德國人抓走了。」又過了兩個月，父親也一去不回。半年後，叔叔出門不久，孩子們就聽到一聲槍響。

三個大人相繼死去，尋找食物的重擔就落在了姐姐肩上，每當倉庫附近有風吹草動的聲音，姐姐就趕緊掩住弟弟的嘴。

過了一個月，姐姐也永遠地回不來了。從此以後，凡聽到一樣的聲音，弟弟只有自己掩住自己的嘴巴，不讓自己發出一點聲音。

這是一個猶太人經歷的悲慘童年的一幕，相信有過這種經歷的兒童，終生都不會忘記他們所遭受的痛苦和磨難。

猶太教的信念告訴他們：「只要不斷地保持希望的燈火，就不怕無法忍受黑暗。」他們每經歷一次暴風雨，天空就架起美麗的彩虹，預示著不久的將來，會有希望來到。黑暗過去就是光明，這是他們存活下來的希望，因此，不管環境多麼惡劣，他們都不會絕望，只要還有一息尚存，就要忍耐著生存下去。

痛苦才是人生之路

人生從苦難和黑暗開始，最後才能達到幸福和光明。這就告訴我們，不要害怕痛苦。因爲一個人只有痛苦到了極點，才能品嘗到甜美的果實。這些都是《塔木德》告訴猶太人的。

猶太人的意識裡面，永遠充滿了痛苦的觀念和深深的憂患，他們一生都是這樣，他們的思維、他們的靈魂都是這樣看待和思考問題的。

當新生兒生下來的時候，大家不是為他的降臨人世而高興，而是為他而哭泣。猶太的箴言是這樣解釋的：「孩子出生時，我們覺得高興，有人去世時，我們感到悲傷。其實應該反過來才對。因為孩子出生時，不知今後命運如何，而人死之時，一切功業已蓋棺論定。」猶太的先知們認為人的一生分為六個階段：

一歲時是國王——家人圍繞著他，像扶持國王一樣扶持他，把他關心得無微不至。

二歲的時候是頭小豬——喜歡在泥巴裡面玩耍。

十八歲的時候是小羊——無憂無慮地歡笑、跳躍。

結婚時是驢子——背負著家庭的重擔，低頭緩行。

中年時是狗——為了養家餬口，不得不搖尾奉承，乞求他人的善行。

老邁時是猴——行為和孩童無異，然而再沒有人去關心他了。

因此，既然這樣，也就不必懼怕痛苦和人生的種種煩惱了，相反地，卻是人生的痛苦和煩惱越多越好，《塔木德》說：「有十個煩惱比僅有一個煩惱好得多。」因為有十個煩惱的人，不會再懼怕煩惱，而擁有一個煩惱的人，會覺得整天都很煩惱。

這就是猶太人的人生觀：痛苦，才是人生之路。人生是痛苦的，沒有經歷過痛苦的人生是不存在的，人生的大部分時間要經受痛苦。人在這個世界上，就是爲了人生的某個目標而痛苦、努力地生活的，直到人死了，人生任務算完成了，痛苦的努力才算結束。

這個苦難和痛苦的觀念，充滿了他們的一生。他們經歷了最慘絕人寰的屠殺，經歷了處處被驅逐、壓迫。他們走到哪裡，欺凌和侮辱就跟隨他們到哪裡。他們四處流浪、衣食沒有著落，也不知道有誰可以容納他們。經歷了這一切之後，他們已經不怕任何苦難了，再大的苦難，他們已經絲毫不覺得難以忍受了。因此，只要環境相對穩定下來，他們千百年的忍耐與頑強，就像火山一樣爆發出來，做出了讓世人稱羨的成就。

利用孩子的業餘愛好，培養堅忍不拔的精神

利用業餘愛好，可以教會孩子社會和情感技能，注意確定愛好的難度，尤其是孩子小的時候，注意力不能持久或缺乏動力時，更應該如此。

首先，要確保愛好與孩子的水準相適應。如果太難，孩子會失去興趣。如果太簡單，挑戰性不強，那麼就不能讓孩子長久保持興趣。

其次，父母要擠出一定時間，與孩子一起從事孩子的業餘愛好。如果你希望孩子具有持之以恆的品質，掌握其他與工作有關的技能，用你自己的興趣、可依賴性及獨特指導，爲孩子樹立榜樣，這樣做的效果最好。

比如，你正幫助孩子學習一種魔術，你自己應該先掌握，然後再去教孩子，進而鼓勵他練習、甚至表演。如果是年齡再大一些的孩子，那麼你就應該帶他去圖書館，尋找關於魔術和魔術家的書籍，看這方面的電影和錄影，幫助他造一個簡易表演台。

最後，也是最重要的一點：不斷地讚揚和鼓勵孩子，以增強他的耐心和耐力。在他灰心時，可以讓他休息五分鐘，但其後要立即投入遊戲。不能因爲自己不感興趣或疲勞，就讓孩子輕易結束。

心理學家認爲，孩子天性頑強、有彈性。在孩子沮喪洩氣時，父母縱容他們，就等於損害了這些優點，再恢復就難了。

5從小學會精打細算

經典故事

他們為什麼能成為富翁

猶太人連鎖商店大王克里奇，以崇尚節儉、愛惜錢財而著稱，他的商店遍及全美五十個州和國外很多地方，他的資產數以億計，但他的午餐從來都是一美元左右。

克德石油公司老闆波爾・克德，有一天去參觀一個展覽，在購票處看到一塊牌子寫著：「五時以後入場，半價收費。」克德一看手錶是四時四十分，於是在入口處等了二十分鐘後，才購買了一張半價票入場，節省下〇・二五美元。

克德公司每年收入上億美元，他所以節省〇・二五美元，完全是受節儉的習慣和精神所支配，這也是他成為富豪的原因之一。

洛克菲勒的一毛錢

洛克菲勒享有九十八歲的高壽，他一生至少賺進了十億美元，捐出的就有七億五千萬，但他平時花錢卻十分節儉。

有一次，他下班想搭公車回家，缺一毛零錢，就向他的秘書借，並說：「你一定要提醒我還，免得我忘了。」

秘書說：「請別介意，一毛錢算不了什麼。」

洛克菲勒聽了正色道：「你怎能說算不了什麼，把一塊錢存在銀行裡，要整整兩年，才有一毛錢的利息啊！」

洛克菲勒習慣到一家熟識的餐廳用餐，且在餐後給服務生一毛五分錢的小費。有一天，不知何故，他只給了五分錢。

服務生不禁埋怨說：「如果我像你那麼有錢的話，我絕不吝惜那一毛錢。」

洛克菲勒笑了笑說：「這就是你爲何一輩子當服務生的緣故。」

這位億萬富翁對金錢的看法是：我非但不做錢財的奴隸，而且要把錢財當做奴隸來使用。

❖《塔木德》智語

「吝嗇有的時候和節約一樣，是一種優秀的品質。」

「節約是生財之源，節約是理財之方。」

猶太人的金錢觀念

世界上流行這樣的說法：「猶太人是吝嗇鬼。」這是說，猶太人對金錢十分節省，花錢的時候極爲小氣。

猶太人爲自己的吝嗇感到高興，因爲作爲商人，對物品的斤斤計較，對金錢分分毫毫的計算和利用，是商人職業的本能反映，對猶太人來說，這簡直是對他們精明投資的一種褒揚。

「緊緊地看住你的錢包，不要讓你的金錢隨意地出去，不要怕別人說你吝嗇。你的錢每花出去一分，都要有兩分錢的利潤的回報，才可以花出去」。猶太巨富洛克菲勒是這個信條虔誠的遵守者。節約在他的一生裡都是很明顯的習慣。

努力賺錢是行動，設法省錢是節流的反映。巨大的財富需要努力才能追求得到，同時也需要杜絕漏洞才能積聚。

洛克菲勒成爲億萬富翁以後，他的經營管理也是以精於節約爲特點的。他給部下的要求是，提煉一加侖原油的成本，要計算到小數點後的第三位。每天早上他一上班，就要求公司各部門，將一份有關成本和利潤的報表送上來。多年的商業經驗，讓他熟稔了經理們報上來的成本開支、銷售以及損益等各項數字，他常常能從中發現問題，並且以此指標考核每個部門的工作。一八七九年的一天，他質問一個煉油廠的經理：「爲什麼你們提煉一加侖原油要花一九．八四九二美元，而東部的一個煉油廠做同樣的工作，只要一九．八四九美元？」

這正如後人對他的評價，洛克菲勒是統計分析、成本會計和單位計價的一名先驅，是今天大企業的「一塊拱頂石」。

很多猶太人老闆對任何的開支都是精打細算，爲的就是儘量地降低成本、減少費用，他們總是說：「要把一塊錢當做兩塊錢來使用。如果在一個地方錯用了一塊錢，並不就是損失一塊錢，而是花了兩塊錢。」

猶太人的用錢原則就是這樣，只把錢用在該用的地方，他們認爲不該用的地方，是一塊錢也不會花出去的。洛克菲勒說過：「對錢財必須具有愛惜之情，它才會聚集到你身邊，你越尊重它、珍惜它，它越心甘情願地跑進你的口袋。」

善於提防金錢的損失

猶太人——特別是猶太商人——不管多麼富有，絕不會隨意揮霍錢財。在宴請賓客時，以吃飽吃好為足，不會講排場、亂開支。在生活中，以積蓄錢財為尚，不會用光吃光、手頭空空的。猶太人測算過，依照世界的標準利率來算，如果一個人每天儲蓄一美元，八十八年後可以得到一百萬美元。這八十八年時間雖然長了一點，但每天儲蓄二美元，大都在實行了十年、二十年後，很容易就可以到達一百萬美元，因為這種有耐性的積蓄，會得到利用，也由此得到了許多意想不到的賺錢機會。可見對金錢除了「愛」之外，還要「惜」，也就是說，除了想發財外，還要想辦法保護已有的錢財。

猶太人的這些金錢觀念是很有道理的，這就是猶太人經營致富的一個奧秘。猶太富商亞凱德說：「猶太人普遍遵守的發財原則，那就是不要讓自己的支出超過自己的收入，如果支出超過收入，便是不正常的現象，更談不上發財致富了。」

猶太人認為，不要把支出和各種欲望混為一談。各人的家庭都有不同的欲望，可是這些欲望是各人的收入所不能滿足的，因此，切不可把自己的收入花在不能滿足的欲望上面，因為許多欲望是永遠不能滿足的。

猶太人認爲「欲望好像是野草」，農田裡只要有空地，它就生根滋長，繁殖下去。欲望就是如此，只要你心裡有欲望，它也會生根繁殖。欲望是無窮無盡的，但是你能做到的卻微乎其微。人們要仔細研究現在的生活習慣，因爲即使有些支出是必要的，但是經過思考之後，這些支出也是可以減少，或者可以取消的。別以爲億萬富翁有那麼多的金錢，一定可以滿足自己的每一個欲望，這種想法是不正確的。作爲億萬富翁，他的時間有限、精力有限，他能到達的路程也有限，他吃進胃裡的食物也有限，而且他的享樂範圍也有限。

一個人的欲望是無窮無盡的，這些欲望是永遠都不會完全滿足的，如果把自己的收入花在不能滿足的欲望上面，就會陷入欲望的無底洞中，永遠不會累積資本發財了。

這就是猶太人，他們善於提防金錢的損失。

《塔木德》說：「金錢容易引發意外。任何人對待金錢都要謹慎，否則就要損失金錢。先要學會看管少數金錢，然後才可以管理更多金錢，這是最聰明的提防金錢損失的辦法。」

當似乎可以獲得大批金錢的投資機會出現時，有些人被它所迷惑，蠢蠢欲動參加投資，那是可能導致金錢損失的。

《塔木德》指出：「本金有安全保障的投資，才是第一流的投資原則。爲求高利潤而喪失本金的投資事業，是愚蠢的冒險。作爲投資者，不要被急於發財的心情所蒙蔽，必須要仔細調查研究，當你有了充足證據，而且沒有冒險成分存在的時候，才可以拿出部分金錢來投資。」

猶太人有句格言這樣說：花一美元，就要發揮一美元百分之百的功效，要把支出降到最低點。

經典故事

「金融大鱷」索羅斯

一九四五年初，十七歲的索羅斯想尋找自己的生活。他決定離開布達佩斯去倫敦。選擇倫敦的原因是因爲「英國廣播公司」，在戰時，收聽英國廣播公司的節目，是他們少得可憐的娛樂項目之一。

索羅斯有一個親戚在英國，因此他前去投奔這個親戚。不過，剛到英國的日子並不怎麼好。索羅斯說：「在英國的第一年是那麼淒慘，相比之下，一九四四年倒是不錯的一年。我吃得非常差，我甚至嫉妒房東的貓，因爲牠不愁吃穿。」

索羅斯做過侍應生，有時還吃剩菜剩飯。他還摘過蘋果、當過油漆匠。在那個時候，他知道了如何存錢。「我每週的預算是四英鎊，目標是把花費控制在四英鎊之下。每筆開支我都記帳。」

現在的索羅斯既不抽菸，也不喝酒，吃的也很簡單。他在曼哈頓擁有一間公寓，在紐約州的北部和倫敦擁有住宅，這足以讓他覺得生活得很「舒適」，有時還可以開開豪華聚會，這就足夠了。他唯一的嗜好是打網球，他經常和生意上的朋友們一起打球，但最近由於身體原因，他不得不減少打球的次數。

如何教育孩子從小節儉

洛克菲勒的父親從他四、五歲的時候，就讓他幫助媽媽提水、拿咖啡杯，然後給他一些零用錢。他的父母還把各種勞動都標上了價格：打掃十平方公尺的室內衛生可以得到半美分，打掃十平方公尺的室外衛生可以得到一美分，給父母做早餐得到十二美分。他們再大點的時候，他的父親就不給他零用錢了，告訴他如果想花錢，就自己賺！

於是洛克菲勒到了父親的農場幫父親幹活，幫父親擠奶牛，跑運輸，包括拿個牛奶桶，都算好帳，他們把每一個細小的環節都給量化，他把自己給父親做的活，都記錄在自己的記帳本上，到了一定的時候，就和父親結算，每到這個時候，父子兩個就對帳本上的每一個工作任務開始討價還價，他們經常會爲一項細微的工作而爭吵。

經典故事

洛克菲勒的致富秘訣

洛克菲勒早年在一家大石油公司做焊接工，任務是焊接裝石油的巨大油桶。要焊接就會有焊條的鐵渣掉落，他細心地發現，他每焊接一個油桶要掉落的鐵渣，每次不多不少正好是五百零九滴，他想：要焊接那摞得像山一樣的油桶，要浪費多少焊條呀！於是他改進了焊接的技術和焊接的方法，讓每次滴落的鐵渣正好是五百零八滴。這樣這家大石油公司全年的節約資金是五萬七千美元之多！而洛克菲勒本人也因此獲得了一次極佳的晉升機會。

當有了一些積蓄的時候，洛克菲勒開始自己創業。由於剛開始步入商界，經營步履維艱，很快就花完了他好不容易積存的一點錢。於是他苦思冥想怎樣發財，卻苦於沒有方法。

一天晚上，他從報紙上看到一則廣告，推銷一種發財秘訣。他爲此高興極了，第二天急急忙忙到書店去買了一本。他迫不及待地把買來的書打開一看，只見書內僅有「勤儉」二字，就再沒有任何內容了，他大爲失望和生氣。後來，他反覆考慮這個「秘訣」的「秘」在哪裡？起初，他認爲書店和作者在欺騙他，一本書只有這麼簡單的兩個字，他想指控他們在欺騙讀者。

後來，他越想越覺得此書言之有理。確實，要想發財致富，除了勤儉之外，沒有其他辦法。這時，他才恍然大悟。此後，他將每天應用的錢加以節省儲蓄，同時加倍努力工作，千方百計地增加一些收入。這樣堅持了五年，積存下八百美元，然後將這筆錢用於經營煤油。在經營中他精打細算，千方百計地將開支節省，把贏利中的大部分儲存起來，到一定時間再把它投入石油開發。照此循環發展，如滾雪球一般使其資本越來越多，生意也越做越大。

經過三十多年的「勤儉」經營，洛克菲勒成爲北美最大的三個大財團之一，其財團下屬的石油公司，年營業額可達一千一百多億美元。

6 超越自己，掌握命運

經典故事

唯我可信

三歲的孩子正玩得高興時，父親笑瞇瞇地把他抱到沙發上，並在下面伸出雙手叫他往下跳。孩子爲父親能和他一起遊戲高興極了，毫不猶豫地往下跳。就在跳下來的瞬間，父親縮回了雙手，孩子重重地摔在地板上，嚎啕大哭，並向媽媽求助。可是媽媽仍若無其事地坐著，並不去攙扶，只微笑著說：「呵，好壞的爸爸！」

父親站在一邊，以嘲弄的眼光看著可憐的上當受騙的小傢伙。

那個父親是世界第一個十億萬富翁約翰．洛克菲勒，兒子是他的獨生子小約翰．洛克菲勒。

洛克菲勒此舉看來似乎有些離譜，但在猶太人的家庭教育中是很正常的事。他們說：「像這樣重複幾次以後，孩子就不敢輕易相信別人了，也不會再有依賴心理。」

洛克菲勒這樣做的目的，是給孩子灌輸一個理念，即社會是複雜的，生活是無情的，世上唯一可信的就是自己，別人並不可靠。由於注重對孩子的磨練，猶太人的孩子在滿十八歲後，就可以獨立生活了。當然，如果本人願意，到十八歲後仍可享受免費教育。

這種「唯我可信」的做法，也使他們在處理所有事務時小心謹慎，認眞思考後再做出抉擇。所以，猶太人很少上當受騙。

超越自我的人，才是眞正成功的人

有一對父子都是拉比。父親知識淵博、性格溫和，因而德高望重。而獨生子卻因性格孤僻、學問不精，因而沒有好聲譽。

有一天，兒子對父親抱怨這件事情，父親說：「我的孩子，作爲拉比，我們的區別是：當有人向我請教律法上的問題時，我給他回答。對我的答案，他和我都滿意。但是若有人問你問題，則雙方不滿意——他不滿意是因爲對你的回答不滿意，你沒有幫他解決問題；你不滿意是因爲你認爲他的問題太膚淺，根本就不是問題。

所以，你不能怪他人，而必須放下架子，掌握知識，才能成功。」

「你是說我必須超越自己？」

「對，」父親回答，「眞正超越自我的人，才能是眞正成功之人。」

❖《塔木德》智語

「好事可以分享，但自己的責任一定要自己負。」

「人們介意他人身上細微的皮膚病，卻睜眼不見自己身上的重病。」

「能以微笑回答別人非難的人，是領袖之才。」

自己把握自己

其實，猶太人的漂泊不都因爲被迫，有不少是主動自願的。哪裡有好的市場環境，哪裡有好的發展機遇，他們就到哪裡去，二百年以前主要往歐洲去，近代以後主要往美洲跑，原因即此。

巨賈的產生，需要大的市場和好的環境，若非這種追逐市場、不戀小安的自強不息的精神，猶太商人中，不可能出現如此大量的世界級巨賈。四海爲家，使其具有世界的眼光，能夠整合世界的資源，做世界的生意。

任何人都希望得到別人的幫助。在困難和危險面前，我們總在想：要是有人幫我一把有多好！於是，我們總是寄希望於別人，特別是自己的朋友。但實際上，朋友再好也僅僅是朋友，他的心裡想什麼你只能去揣測，而絕對不會受你的左右；至於那些不曾相交的一般人，就更別指望了。一般而言，人是有善心的，但是絕不是每個人都是菩薩。所以，自己不做事而寄希望於其他人，自己便是天生的寄生蟲：與其將希望寄託在別人身上，不如從自己開始，牢牢把握自己。

人人都希望有個好的家庭，在生活中獲得成功與幸福；也希望自己有個好的工作條件，和擁有一個好的祖國。這樣的話，我們便可以不怎麼努力也可衣食無憂。可是，我們知道如何來創造一個良好的家庭環境、好的工作條件和富裕的國家嗎？我們羨慕那些顯赫的家族，可是我們必須知道，當他們的先輩創業時，多半也是白手起家，靠自己的雙手和智慧才贏得了一片天地，後繼者也是勤耕不輟、兢兢業業，在先輩的基礎上繼續前進，絕不是坐享其成、坐吃山空。

我們夢想著有個優雅舒適的工作空間，做著令人羨慕的白領或金領貴族，可是我們必須知道，這樣的工作空間，是靠自己不斷地學習和經驗累積才會有的。同樣地，我們希望自己降生在一個美麗富饒繁榮的國度，可是，正如甘迺迪說的那樣：不要問你的國家能給予你什麼，而要問自己能爲自己的祖國做些什麼。

如果沒有個人的奮鬥與努力，一個國家又何來繁榮與富強呢？總之，一個道理，一切都要從自己開始，善於判斷好壞還遠遠不夠，與其指望他人的不可靠，不如依靠自己的努力。

可是，人的天性就是對別人的過失總是很敏感，對自己的卻異常的寬容，有時甚至還爲自己強詞奪理、巧言辯護。人總是能嚴格地要求自己的妻子、兒女、同事、朋友、上司、下屬，唯獨不能嚴格要求自己。因此，人需要克服的最大的缺點，就是不能以身作則、超越自己。

經典故事

猶太女作家戈迪默

猶太女作家戈迪默，無疑是猶太民族的驕傲。她是第一位獲得諾貝爾獎的女作家，也是諾貝爾文學獎設立以來的第七位獲獎者。

然而，這份榮譽是她用四十年的心血和汗水澆鑄的。這當中，她多次面臨困厄與失敗，但她從不沉淪，毫不氣餒。四十年的風雨，那是一段漫長的苦難記憶。

戈迪默於一九二三年十一月二十日出生在約翰尼斯堡附近的小鎮斯普林斯村。她是猶太移民的後裔，母親是英國人，父親是來自波羅的海的珠寶商，幸福的家庭生活，造就了小戈迪默的無限憧憬和夢想。

六歲那年，小戈迪默撫摸和凝視著自己纖細而柔軟的軀體，夢想著當一位芭蕾舞演員，她從劇院裡得知，舞台生涯最能淋漓盡致地表現人的修養和思想情感，也許這就是她追求的事業。於是她報名加入了小芭蕾劇團的行列。事與願違，由於體質太弱，她對大活動量的舞蹈並不適應，常常被一些小病小災糾纏著。久而久之，小戈迪默被迫放棄了對這項事業的追求。

遺憾之餘，倔強的戈迪默暗暗發誓：條條大道通羅馬，她終究要找到適合自己的成功之路。

然而，命運不但沒有賜福給她，反而把她逼上更加痛苦的深淵。八歲時，她又因患病離開了學校，中斷了學業，夜晚，她常常流著無奈的淚，期盼著天明。她只好終日坐在床上與書為伴了。

一個明媚的夏日，心煩意亂又十分孤獨的戈迪默，偷偷地走上了大街，她想從車水馬龍的街面上獲取一點快樂。突然，她被一塊不大不小的木牌所吸引，並久久不願離開：「斯普林斯圖書館」，她欣喜若狂，早已將課本讀熟了的她，最渴望的莫過於書了。

此後，她一頭栽進了這家圖書館，整日泡在書堆裡。圖書館下班鈴響了，她卻一頭鑽在桌子底下，等圖書館的大門確實鎖上了，她才鑽出來，在這自由自在的王國裡，她盡情而貪婪地吸吮著知識的營養。無數個日夜，使她對文學產生了濃厚的興趣。

終於，她那嫩弱的小手拿起了筆，一股股似噴泉一樣的情感流淌在了白紙上。那年，她剛剛九歲，文學生涯就此開始。出人意料的是，十五歲時，她的第一篇小說在當地一家文學雜誌上發表了。不認識她的人，誰也不知道小說竟出自一位少女之手。

幾年以後，戈迪默的第一部長篇小說《說謊的日子》問世。優美的筆調、深刻的思想內涵，轟動了當時的文壇。戲劇界、文學界幾乎同時將關注的目光投向了這位非同一般的女作家。

像一匹脫韁的野馬，戈迪默的創作一發不可收拾。漫長的創作生涯，她相繼寫出十部長篇小說和二百篇短篇小說。多產伴著上乘的質量，使她連連獲獎：她的《星期五的足跡》獲英國史密斯獎，之後，她意外地又獲得了英國的文學獎。

創作上的黃金季節，使戈迪默越發勤奮刻苦。她說：「我要用心血浸泡筆端，謳歌黑人生活。」滿腔的熱忱很快就得到報答。她的《對體面的追求》一出版，就成為成名之作，受到了瑞典文學院的注意。

接著，她創作的《沒落的資產階級世界》、《陌生人的世界》和《上賓》等佳作，入圍諾貝爾文學獎評選的角逐圈。

然而，就在她春風得意、乘風揚帆之時，一個浪頭伴一個旋渦，使她又幾經挫折——瑞典文學院幾次將她提名為諾貝爾文學獎的候選人，但每次都因種種原因而未能如願以償。

面對打擊，這位弱女子有些失望，她曾在自己的著作扉頁上，莊重地寫下：「內丁．戈迪默獲諾貝爾文學獎」，然後在括弧內寫上「失敗」兩字。

然而，暫時的失望並沒影響她對事業的追求，她一刻也沒放鬆過文學創作。終於，她從荊棘中闖出了一條成功的路。

從奧斯卡影帝到食品大王

保羅．紐曼的故事，更能說明猶太人如何超越自己，走上成功之路。

紐曼是美國著名的影星，他有傑出的表演才能和強健體魄，是銀幕上的偶像。他主演了多部影片，曾五次被提名爲奧斯卡金像獎，到一九八七年他六十歲時，終於在第六次提名時，榮膺奧斯卡最佳男主角獎。此外，他還是一名出色的導演。他在電影上的成就，爲他贏得了巨大的聲譽和財富。

保羅．紐曼是出生在美國的猶太人，他從父親那裡繼承了一家雜貨店，他不想像父親那樣一輩子碌碌無爲。於是，在人們不解和懷疑的目光中，他毅然賣掉了雜貨店，一心一意地投入到演藝界。保羅．紐曼成功地實現了商人到藝術家的超越。

保羅．紐曼的超越，永遠沒有完結。一九八二年，一個偶然的機會，他接觸到一種新的食品。曾經作爲商人的紐曼，看到了其中的商機，他與朋友合作，投資數十萬美元開發這種食品，又成立了「保羅．紐曼食品公司」。就這樣，他又開始了從藝術家到企業家的超越。最後，他成爲美國的「食品大王」。

保羅．紐曼的人生之路告訴我們，要不斷超越自我、不斷讓自己在新的領域中迎接挑戰，我們才能最大限度地發揮自己的潛力。也唯有如此，我們才能獲得一個又一個的成功。

言傳身教，改變命運

一九七八年諾貝爾物理學獎獲得者、美國物理學家彭齊亞斯，出生於一個德國猶太人家庭，父親是一名工廠主人。小彭齊亞斯出生後不久，就遭遇了希特勒納粹政權掀起的迫害猶太人浪潮。父親千方百計使一家人逃脫了魔爪，輾轉流亡到了美國紐約，但全部財產已被洗劫一空。父親從企業家變成了公寓的看門人，母親也從闊太太變成了一名洗衣婦，但父母依然保持著不向命運屈服、樂觀向上的生活態度。他們教育孩子：最寶貴的財富不是金錢，也不是珠寶，而是知識和智慧。金錢有用完的一天，珠寶也可能被人搶走，只有知識和智慧是用不完、搶不走的，並且它會幫助你擺脫困境、重新崛起。

父母的言傳身教，使彭齊亞斯從小就熱愛知識，並且樹立了透過自己的努力、把握命運的生活信念。他刻苦學習，並在日後的科研工作中，敏銳地抓住稍縱即逝的偶然現象，取得了重大的科學發現，獲得了諾貝爾獎。

7 智慧帶來財富

經典故事

「芬克斯」酒吧

在耶路撒冷有一個名叫「芬克斯」的酒吧。這是一個極其普通的酒吧，但由於經營有方，成了各國記者喜歡停留的地方。酒吧老闆是個猶太人，叫羅斯。這個酒吧於二十世紀七〇年代一躍而成爲世界著名酒吧，完全是由於穿梭於中東的季辛吉未能光顧的「名人效應」。

季辛吉曾想去名聲挺好的「芬克斯」，親自打電話預約。接電話的恰巧是羅斯。季辛吉自我介紹後，說：「我有十個隨從一同前往，到時請謝絕其他顧客。」羅斯客氣地回答：「您能光顧本店，實感榮幸。但是我絕不能因此而拒其他人於門外。他們大都是老熟客，也就是支撐著本店的人。」季辛吉大怒，掛斷了電話。

第二天，季辛吉又去了電話，首先對前一天的失禮表示歉意。然後說這次只需訂一桌，不會影響其他客人。可是羅斯回答道：「非常感謝您的誠意，但我仍不能接受您的預約。因爲明天是星期六，本店休息。」

「我後天就離開此地，您不能爲我破例一次嗎？」季辛吉問。

「不行。作爲猶太人的後裔，您應當知道，星期六是個神聖的日子。」季辛吉只好掛斷電話。

此事在報界一披露，「芬克斯」酒吧知名度大增。

羅斯利用的正是「名人效應」。

富翁的遺囑

一位富翁臨終之前，自己的身邊一個親人也沒有，他唯一的一個兒子還在遠方無法回來，只有一個奴隸守候在他身邊。於是富翁就立下了遺囑：「我死之後，我的全部財產歸奴隸所有，其他人不得動用，但是我兒子可任意選一件物品爲他所有。」富翁寫完之後，就嚥了氣。

兒子回來之後見到遺囑，不由得大怒：「父親怎麼會把他一輩子辛辛苦苦積攢下來的財富，全部都給了奴隸，只給我一件物品呢？」他百思不得其解，於是去請教村裡的拉比。拉比聽了，微微一笑，對他說：「你父親眞是聰明，他給你留下了他的全部財產啊。你再好好看看你父親的遺囑吧！」

富翁的兒子拿起遺囑看了半天，還是不明白，拉比只好直接地說：「遺囑上不是說得很清楚嗎？讓你任意選擇一件物品，你選擇了那個奴隸，不就是選擇了全部的財產嗎？這樣看起來，你的父親眞是十分英明啊！」

富翁的兒子這才恍然大悟，明白了父親這樣做的良苦用心：如果父親死了，自己不在他的身邊，奴隸可能會帶著財產逃走，連喪事也不告訴他。因此，父親才把全部財產都送給奴隸，就是爲了穩住那個奴隸，讓他不能逃走，好讓自己回來再收回這筆遺產，所以才立下了這樣的遺囑。

從這則故事中可以看出，那個猶太富翁的遺囑就有這樣一個漏洞，雖然遺囑將所有財產都給了奴隸，且其兒子只能選擇一件物品。這裡暗含著一個前提沒有明確寫出來，奴隸不會注意到，甚至連死者的兒子也沒有注意到，那就是奴隸的全部財產都屬於主人。這是當時社會通行的慣例，也是一個無需說明的前提。只要前提明確了，在此前提之下的任何規則都是不成立的，這就是這個猶太富翁遺產合約的關鍵所在。後來，正是在拉比的指點下，年輕人才終於解開這個活扣，既沒有違背父親的「遺囑」，又沒有違約，因爲猶太人從不違約。這實際上就是我們現在所說的鑽合約的漏洞。

富翁和三個兒子

有一個富裕的猶太商人，已經病入膏肓。他把幾個兒子叫到床前，對他們說：「我年齡大了，希望把家業交給你們其中一個經營，但我不知道誰最聰明？」

接著，老人給每個人都發了十美元，讓他們每人拿這筆錢買一種東西，把他們住的整間大房子裝滿。誰能裝得最滿，就可以繼承家業。

大兒子說：「我要買回一棵茂密的大樹，可以充滿房間。」

老人聽了，微笑著搖了搖頭。

二兒子說：「我花五美元去買一車草，可以充滿整個房間。」

老人還是搖了搖頭。

這時，小兒子飛快地跑了出去。

過了一會兒，小兒子跑了回來，手裡拿著一個帶包裝的東西和剩餘的九元七角五分錢。他要求到天黑後再見分曉。

等到天黑，父子四人來到大房間門口，小兒子拿出了他的「答案」——一根蠟燭。他點燃了蠟燭，於是，蠟燭的光芒立刻充滿整個房間。

於是，小兒子毫無疑義地獲得了家業的經營權。

❖《塔木德》智語

「即使是再堅固的城牆，也一定能找到突破口，人沒有完人，所以由人制定的法律和契約也不會是完美的。」

善用智慧賺取財富

猶太人以遵守規則和契約而著名，他們不會觸犯明文規定的法律，但是猶太人卻善於使自己的智慧，精於在規定之外想辦法。

其實，任何的法律和法規上的條文，都不是絕對完善的。有人做過這樣的一項研究調查，只有64％的法律是比較完善的。善於靈活運用法律條文中不成熟地方的人，往往有源源不斷的利潤。

這也就是爲什麼猶太人在簽訂合約的時候，反覆地修改和斟酌，他們總是會把各種可能的情況都考慮進去，不讓對方有漏洞可鑽。

在現代，猶太人在做生意之前，一定先向律師諮詢，看有哪些法律限制。他們嚴格地遵守這些法律的限制，但是同時也喜歡研究經濟的法規和條文。他們會讓自己的下屬和懂得法律和經濟的朋友一起研究，看看這些規定有什麼漏洞。一旦發現了這些條文有說明不清晰的，就開始想辦法鑽這些漏洞。

猶太商人歷代都有「投機者」的名聲，無論是在東方還是在西方，他們都能遊刃有餘地活動在各種機會和風險之間。他們總是敢冒天下之大不韙，積極挺進，讓人防不勝防、措手不及。在驚歎之餘，你不能不佩服猶太人的冒險精神。

沒有絕對不投機的商人——當然是在法律的規則許可的範圍之內。在長期的經商實戰中，猶太人總結出來的是：再完善的法律裡也有不可克服的漏洞，悉心研究這些法律，鑽透這個漏洞，就有無盡的黃金「流」出來。

猶太商人繼承了猶太民族的傳統，具有良好的法律素質，他們不但可以嚴於守法，而且還非常善於守法。商人的最根本行爲原則就是追逐利益，而視金錢爲上帝的猶太商人更是如此。在兩千多年的商業實踐中，他們不但恪守了「契約之民」的民族教條，而且還創造性地累積了大量利用法律的手段，和透過契約達到自己目的的經驗。說他們「善於」守法，此處的「善於」，是指他們有能力在嚴格遵守法律或契約的前提下，最大限度地實現自己的目的，哪怕這一目的在實質上是不符合法律或契約的規定，甚至是有違法律和契約原來的精神；也就是說，假法律或契約之形，而行非法或非約之實，注意不是違法或違約之實，因爲他們是守法遵約的楷模。這種強調形式上守法守約的精神，大量地體現在充滿智慧的猶太寓言中。

經典故事

一分不花購公司

猶太人林恩是一個小企業老闆，他已經過了退休年齡，但他還是衝殺在商界第一線。

有一次，他發現了一個「獵物」——美國威爾森公司。威爾森公司是一個有七十年歷史的大公司，本身可以算一個企業集團，年營業額十億美元，是林恩公司的一百多倍。林恩要「吃掉」威爾森公司，絕非易事。

林恩透過分析發現，由於效益不好，威爾森公司是華爾街的低市值股，其股價非常低，只要有八千萬美金，就能擁有該公司的控股權。

但是，這八千萬美元從何而來呢？

用股票「借」——先吃掉它，免得被別人搶走。

首先，林恩說服銀行，從銀行貸款，買下了威爾森公司的大部分股票，控制了威爾森公司。

但是，另一個問題產生了：八千萬美元的債務怎麼辦？

林恩自有辦法。他首先把自己公司的優質資產轉給威爾森公司，把八千萬美元的債務轉給自己的公司。然後，他把威爾森公司分成三個公司，以這三個公司的名義發行股票。這些新股票大部分歸自己擁有，其餘的向大眾公開銷售，賣出的股票所獲得的資金，基本上償還了那筆債務。

結果，他幾乎一分錢不花，用借債買下公司，然後用分割公司上市的辦法，就得到了一個龐大的公司，而這不過是一些奇妙的想法的結果而已。

8 智慧何來

經典故事

相對思維

費曼的叔叔是一位大學教授，有一次，他想測試一下侄子的智力。

叔叔在一張紙上畫了一條線，對費曼說：「你把這條線變細些，但不能把它擦掉，也不能用任何東西。」

費曼考慮了一會兒，就在叔叔畫的那條細線旁邊，畫了一條稍微粗一些的線，這樣，叔叔畫的那條線就顯得細了。

聰明的費曼採用的就是相對思維的方法。

三兄弟的「寶貝」

從前有個國王，只有一個獨生女兒，他自然十分疼愛。

有一天，公主得了重病，百般醫治無效，已經奄奄一息。束手無策的醫生告訴國王，除非馬上得到神藥，否則公主就沒有希望了。

國王焦急萬分，趕緊在京城貼出佈告，宣佈任何人只要能夠治癒公主的疾病，就將公主嫁給他，並立他爲王位繼承人。

在很遠的地方有兄弟三人，其中老大有一隻千里眼，他看到了佈告。於是他便與兩個弟弟一起商量，如何治癒公主的病。

兩個弟弟也各有一件「寶貝」。老二有一塊會飛的魔毯，可以做交通工具；老三有一顆有魔力的蘋果，不管什麼病，吃了它馬上會痊癒。

三兄弟商量後，就一起乘著魔毯，帶著魔力蘋果，飛到了王宮。

公主吃了蘋果以後，馬上恢復了健康。國王大喜過望，立即命人備宴，向國人宣佈確定的駙馬。

可是，國王只有一個女兒，而治癒女兒的卻是兄弟三人，而且他們互不相讓。

老大說：「如果不是我用千里眼看到佈告，誰也不可能到這裡來給公主治病。」

老二說：「如果沒有魔毯，這麼遠的地方，就是能治也一定趕不及。」

老三說：「如果沒有魔力蘋果，即使來了，也治不好病。」

這可難壞了國王和他的謀士們。最後，國王認爲：「拿蘋果的老三爲駙馬。」猶太人認爲，有千里眼的老大，仍然擁有千里眼；有魔毯的老二，仍然擁有魔毯；而原來擁有蘋果的老三，因爲已經把蘋果給公主吃了，便什麼也沒有了。

根據《塔木德》的說法：「當一個人施善時，最可貴的是能夠把一切都奉獻出來。」國王巧妙地利用在猶太人心目中擁有無上地位的《塔木德》的說法，從而解除了自己的尷尬。

❖《塔木德》智語

「人沒有完人，所以由人制定的法律和契約也不會是完美的。」

猶太人創新的訣竅

其實，「鑽法律的漏洞」僅僅是猶太人經商智慧的很小部分，絕對不是主流。猶太人成功的主要原因，還是他們善於利用自己的智慧。

美國的玩具業有兩大猶太人企業，其中最大是美泰兒公司，其市場占有率高達19%。這家公司的前身，是創辦於一九三九年的一家小小的玩具廠，由於老闆翰特勒太太的一個創意而名揚世界，這個創意造就了「芭比」娃娃，也造就了美國第一同時世界知名的玩具製造「大鱷」——美泰兒。

猶太人認爲，每個人都需要培養創造性的思維觀念，善於接受新觀念，善於嘗試新事物，用新的思維方式思考。以下是一些猶太人創造的訣竅，可以啓發我們的頭腦。

挑戰普遍接受的觀念

二十世紀五〇年代，一般玩具商生產的女娃娃，都是胸部沒有曲線的，否則即被視作「傷風敗俗」。如果堅持這種先入爲主的觀念（事實上，幾乎所有廠商都是這樣做的），就不會有今天的「美泰兒」。

善於模仿

擁有八十一億美元資產的世界著名化妝女皇蘭黛，於一九四六年向社會推出新化妝品的時候，她首先採取的是向公眾大量發放免費樣品的「革命性」作法，和「買二送一」的策略，沒想到大獲成功。她的這一作法，得到了媒體和公眾的極大推崇。

其實，這並不是蘭黛的「發明」。原來她發現，食品廠商在推出產品時，都會發放免費樣品讓人們試吃。於是她認爲，當你把產品放到顧客手中，若產品眞的很好，顧客不但自己會買，而且還會推薦給自己熟悉的人，替廠商免費宣傳。

蘭黛曾經說過：「對別人構想進行模仿，我們可以在此基礎加以改進。創新並不是每次都要有像發現蒸汽機一樣那麼重大的發明，模仿舊有的事物並創新，也是一種創新。」

瞭解時尚

猶太人特別喜歡閱讀資訊類的報紙、雜誌，因爲從中可以瞭解到人們眞正有興趣的東西是什麼，他們喜歡購買什麼，他們希望擁有的東西等。瞭解了公眾的喜好後，企業家可以生產出大眾喜歡的東西。

構造有利於創新的環境

好的創意很寶貴，但很多創意稍縱即逝。好的想法出現時，要牢牢抓住，因此不管你是在洗澡，還是在從事其他活動時，最好準備能「伸手」即可拿到的筆和紙，以便隨時記錄下來。

夢境是現實和幻想的混合體，其中經常包含很寶貴的創意，利用夢境就是在利用你的潛意識，以下是記住你的夢境的三個基本方法：

·睡覺時，告訴自己，你希望記住自己的夢。

·醒來時，閉眼一分鐘，設法回憶你的夢。

·床邊放有紙筆，方便自己隨時記下傑出的創意、形象和夢。

經典故事

一磅銅的價格

多年以前，在奧斯維辛集中營裡，一個猶太人對他的兒子說：「現在我們唯一的財富就是智慧，當別人說一加一等於二的時候，你應該想到大於二。」納粹在奧斯維辛毒死了幾十萬猶太人，父子倆卻活了下來。

一九四六年，他們來到美國，在休士頓做銅器生意。一天，父親問兒子一磅銅價格是多少，兒子答：「三十五美分。」父親說：「對，整個德克薩斯州都知道，一磅銅的價格是三十五美分，但作爲猶太人的兒子，你應該說三．五美元。你試著把一磅銅做成門把手看看。」

二十年後，父親死了，兒子獨自經營銅器店。他做過銅鼓，做過瑞士鐘錶上的簧片，做過奧運會的獎牌，他曾把一磅銅賣到三千五百美元——這時他已是麥考爾公司的董事長。然而，眞正使他揚名的，是紐約州的一堆垃圾。

一九七四年，美國政府爲清理給自由女神像翻新扔下的廢料，向社會廣泛招標。但幾個月過去了，沒人應標。正在法國旅行的他聽說後，立即飛往紐約。看過自由女神像下堆積如山的銅塊、螺絲和木料後，未提任何條件，當即就簽了字。紐約許多運輸公司對他的這一愚蠢舉動暗自發笑。因爲在紐約州，垃圾處理有嚴格規定，弄不好會受到環保組織的起訴。

就在一些人要看這個猶太人的笑話時，他開始組織工人對廢料進行分類。他讓人把廢銅熔化，鑄成小自由女神；把水泥塊和木頭加工成底座；把廢鉛、廢鋁做成紐約廣場的鑰匙。最後，他甚至把從自由女神身上掃下的灰包裝起來，出售給花店。不到三個月的時間，他讓這堆廢料變成了三百五十萬美元現金，每磅銅的價格整整翻了一萬倍！

一美元的貸款

猶太富翁哈德走進紐約花旗銀行的貸款部，大模大樣地坐了下來。

看到這位紳士很神氣，打扮得又很華貴，貸款部的經理不敢怠慢，趕緊招呼：

「這位先生，有什麼事情需要我幫忙的嗎？」

「哦，我想借些錢。」

「好啊，你要借多少？」

「一美元。」

「只需要一美元？」

「不錯，只借一美元，可以嗎？」

「當然可以，像您這樣的紳士，只要有擔保，多借點也可以。」

「那這些擔保可以嗎？」猶太人說著，從豪華的皮包裡取出一大摞股票堆在寫字枱上。

「喏，這是五十萬美元的股票，夠嗎？」

「當然，當然！不過，你只要借一美元？」

「是的。」辦完手續，猶太人接過了一美元，就準備離開銀行。

在旁邊觀看的分行經理此時有點傻了，他怎麼也弄不明白，這個猶太人難道抵押五十萬美元就爲借一美元？他急忙追上前去，對猶太人說：「這位先生，請等一下，我想知道你有五十萬美元，爲什麼只借一美元呢？假如您想借三十萬、四十萬美元的話，我們也會考慮的。」

「啊，是這樣的，我來貴行之前，問過好幾家銀行，他們保險箱的租金都很昂貴。而您這裡租金的確很便宜，一年才花六美分。」

看，這就是猶太人的精明之處！銀行是存錢的地方，也是貸款的地方。貸款需要抵押，別人是有大量的資金需求才來貸款的，銀行爲了保證資金可以正常的回收，就需要超出所借資金多一些的抵押金。別人通常是希望借貸的資金越多越好，必須的抵押越少越好；而他卻反其道而行之，他的抵押金很高，用了五十萬美元，借貸的資金只是一美元。這完全超出了平常人的思維。

猶太人用很高的抵押金來換取區區一美元的貸款，卻是合法的，大大節省了租用保險箱的費用，讓你不得不佩服他們的精明，爲他們擊掌叫好。

9 培養孩子的富人頭腦

經典故事

窮人和富人

窮人見富人生活是那麼的舒適和愜意，對富人說：「我願意在您家裡爲您工作三年，我不要一分錢，但是您要讓我吃飽飯，給我地方住。」富人覺得這眞是少有的好事，立即答應了這個窮人的請求。三年後，窮人離開了富人的家，不知去向。

十年過去了，那個昔日的窮人已經變得非常富有了，而以前那個富人相比之下，就顯得很寒酸。

於是，富人向昔日的窮人請求：願意出十萬元買他富有的經驗。

那個昔日的窮人聽了，哈哈大笑：「我是用從你那裡學到的經驗賺得了大量的財富，而今你卻要用金錢買我的經驗呀！」

❖《塔木德》智語

「要想變得富有，你必須向富人學習。在富人堆裡即使站上一會兒，也會聞到富人的氣息。」

「一個人的賺錢能力不是天生的，但卻是可以從小培養的。」

變成富人的途徑

根據猶太人的經驗，智慧源自於學習、觀察和思考。

變成富人的第一條途徑，就是向富人學習。上述那位窮人就是靠與富人共同生活，在富人的「言傳身教」中，學到了富人的經驗和智慧，才使自己有了智慧，於是也就有了金錢。

學習可以磨練人的心性，活躍人的思維，只要不斷地學習，就能使自己處於一種不斷完善自己的狀態中。我們知道，知識源於實踐，但我們個人受時間和自身條件的限制，不可能什麼都自己去實踐、去經歷，因此，我們的經驗更多地來自於他人既有的經驗。

書本無疑是知識的主要載體，它是新知識、新技術的「寶庫」，讀書可以使我們頭腦豐富，啓迪我們的頭腦。因此，學習是我們擁有智慧的第一個途徑。

據統計，最近新湧現的工業新技術，十年內有30％的會過時；電子產品的壽命週期更短，只有三年；「摩爾定律」告訴人們，IT技術的更新換代更快。

在這樣一個迅猛發展的社會裡，任何故步自封、因循守舊、不求前進都會走向失敗。

猶太人不但要求自己不斷學習，更要求自己的後代有不斷進取的精神，使他們成爲高素質人才。

至於學習的方法，猶太人認爲：一是要善於學習書本；二是要有重點，對重要精要部分要讀懂；三是要向他人學習，與智者交流、討論；四是要利用電視、廣播、網路，這些都是知識與智慧的來源。

第二條途徑是觀察。知識是死的東西，我們只有透過它來觀察世界、分析問題時，它才能「活」起來。知識只有透過人的觀察和思維，與現實的事物、存在的問題發生聯繫時，其價值才得以體現。所以，觀察是學會運用知識的重要步驟。

連鎖店先驅盧賓的創新，是對自己已有的銷售方式的一種拓展，是一種突破，他成功的基礎，是他深諳銷售和顧客消費心理知識，因爲他善於觀察、發現問題，因而能有針對性地運用自己的知識解決問題。

三是要善於思考。所謂「思考」，不只是指對知識的理解，更是指對環境、對變化的一種反應。這個世界一直在變化中，但我們經常不能看到這種變化，對變化的趨勢更是無法把握。善於思考的人，可以具有遠見卓識和非凡的洞察能力，預見到這些變化趨勢，從而獲得超額利潤，這就是富人的頭腦。

經典故事

美國連鎖店先驅盧賓

美國連鎖店先驅盧賓，是一個善於觀察、思考的人。他最早在美國西部的淘金熱時開店，靠買賣生活用品賺了不少錢。經過八年的發展，他的生意越來越大。但是盧賓發現，另一個人的發展一直比他快。經過調查，他發現那個人開店的時間長，擁有更多的顧客；而自己商店之所以顧客少，是因爲當時的商品不標價，顧客不可能到處比較價格，靠買賣雙方討價還價的交易方式，總是消除不了顧客對新商店的不信任感，很難給自己帶來新的顧客。

針對這些情況，盧賓反覆思考，終於開設了世界上第一個「明碼標價商店」。這種商店既提高了交易的效率，又贏得了顧客的信任。他的生意一時非常興旺，但其他商店很快就可以把他的「創意」學到手。

競爭的壓力，使盧賓一直在思索採用一種新的經營方式以留住顧客。隨著顧客的增多，他又發現，大量顧客的光顧，造成了購物空間的擁擠，一方面浪費了顧客的寶貴時間，時間長了，顧客也會跑掉；另一方面，由於商店輻射範圍的限制，很多顧客並沒有到他的商店購物。於是，他又發明了一種新的經營方式——連鎖經營：即在一定的範圍內開多個商店，每家店同貨同價，且店面設計、布局、裝潢也相同。這樣，就相當於將一家店開了很多地方，於是他的顧客大大增加了，當然生意就越做越大了。

10理性思考，講究實際

經典故事

笑是風力，哭是水力

一個猶太孩子和他的姐姐爭奪玩具，姐姐不給，於是他哭了起來。旁邊的父親不但不幫他，還笑話他：「笑是風力，哭是水力。」

「笑是風力，哭是水力」，這句話是什麼意思呢？這是說，笑就像風刮過去一樣消失了，而哭就像水流過去一樣的沒有了痕跡。

爲什麼他的父母不過去安慰他，而是笑話他呢？因爲在猶太人父母看來，小孩的哭泣，是他自己一種不愉快的感情的宣洩，感情的宣洩對小孩有好處；但小孩子任意宣洩自己的感情，是他不肯動腦筋想辦法的一種沒有能力的表現。猶太人很不喜歡這樣單純的感情需求，他們需要的是事情的圓滿解決，而事情的解決只能依靠動腦筋、想辦法。

笑也是一樣。沒有根據的笑和不解決問題的哭，都是一種短暫的感情宣洩，都沒有多大意義。猶太人始終認爲，在任何時候運用理性的思考，想辦法去解決擺在面前的問題，才是眞正有用的。遇到問題就感情用事，開始發怒、生氣，是一件很沒有意義、讓人覺得可笑的事情。

羅恩斯坦和斯瓦羅斯基公司的交易

斯瓦羅斯基家族是奧地利的一個世家望族，世代相傳從事仿鑽石飾品的生產。

在第二次世界大戰結束時，奧地利被盟軍占領，斯瓦羅斯基公司面臨公司的生死存亡關頭——法軍當局要沒收公司，理由是在大戰中，該公司曾接受納粹德國的訂單，爲德軍生產了望遠鏡等軍用物資。

這時，有個叫羅恩斯坦的美國籍猶太商人正在奧地利，他得知此事，立即趕到斯瓦羅斯基公司，提出他可以去與法軍交涉，設法阻止法軍沒收斯瓦羅斯基公司。他開出的條件是：如果交涉成功，斯瓦羅斯基公司必須把公司產品的銷售權讓給他，並且在他有生之年，他有權從銷售總額中提取10％作爲報酬。

羅恩斯坦提出的條件無疑是非常苛刻的，但是他能提供的幫助，卻關係著斯瓦羅斯基公司的存亡。斯瓦羅斯基公司沒有別的選擇，只能接受羅恩斯坦的條件。

羅恩斯坦與斯瓦羅斯基公司簽好了協議，馬上趕往法國司令部，鄭重申述：「我，羅恩斯坦，是美國公民，我剛與斯瓦羅斯基公司達成協議，從即日起，這個公司已經成為我的公司，因而，斯瓦羅斯基公司現在已屬於美國的財產，法軍無權對它進行處置。」

此時，面對既成事實，法軍無可奈何，只好放棄沒收的計畫。

羅恩斯坦馬上設立了斯瓦羅斯基公司的銷售代理公司。這家代理公司並沒有進行實質性的銷售活動，不過是開開發票而已，以此來確保10％的銷售額能成為羅恩斯坦的利潤。

一個顯而易見的事實是，斯瓦羅斯基家族無論在當時的「勉強同意」，還是在事後的按照協議，向羅恩斯坦支付的銷售額10％的利潤從未中斷過，說明他們與羅恩斯坦的這筆交易，對其家族畢竟還是有利的。而且，羅恩斯坦的做法，也沒有明顯違犯有關法律的地方，不然的話，斯瓦羅斯基家族也不會毫無反抗地一直忍受著。

❖《塔木德》智語

「思考時請感情離開，因為你需要的是理智。」

「律法是相對的，政治是相對的，國界是相對的，甚至道德也是相對的，只有你承諾過的合約是永恆的。」

理性的人才是真正智慧的人

二千多年前，猶太拉比們就已經開始教育他們的同胞，「錢不是罪惡，也不是詛咒，錢會祝福人的」、「錢會給予我們向神購買禮物的機會」、「身體依心而生存，心則依靠錢包而生存」、「《聖經》發射光明，金錢散發溫暖」。猶太人被鼓勵不遮不掩，堂堂正正、大大方方地向「錢」進軍，這在全世界的民族中當屬絕無僅有。

如此文化背景下的猶太商人，賺錢時思想上沒有羈絆，極講實際，只要形式上不逾矩，他們無所不為，在他們眼裡，只要有利可圖，鑽石和棺材生意絕無二樣。因此，往往就在其他民族思想上拘囿不開的地方，猶太人輕易地取得壟斷地位，獲得高額利潤。

表面上，耶和華上帝是猶太人唯一的神，但實質正如猶太精英之一的卡爾・馬克思所言：「錢是以色列人的妒嫉之神；在他面前，一切神都要退位。」

爲了錢，追求錢，猶太商人的人生目標簡單直接、清晰明確，這對賺錢的成功極有助益。今天，「猶太人的神成了世俗的神，世界的神」

與猶太商人打交道，你會發現他們總是呈現一副笑臉，不管生意能否做成，甚至爲合約而產生不同意見時，他們也總會以笑臉來說出其否定的態度。有時對方發脾氣，雙方不歡而散，猶太人還會向對方說聲再見。要是第二天他再遇上你，他卻好像沒有發生過不愉快似的，仍以微笑向你問聲「早安」。

用理性看待這個世界，絕不要盲目，這是猶太人的思維方式。他們認爲，在這個世界上，充斥著無知的偏激、盲目的躁動和人們的愚昧，但是，理性摒棄了我們的愚昧和偏見，所以，人應該用理性恢復這個世界的本來面目。在他們看來，生活中有許多事情，是我們自己的盲目和衝動造成的。我們任意使用自己的感情，才造成了對世界的惶恐、懼怕。

猶太人從來不喜歡感情用事，他們認爲感情用事只是犯愚蠢錯誤的開始。而理性思考的人才是眞正明智的人。那麼，是不是就不需要感情、不再要熱情，只是一味的理性呢？猶太人把人的熱情分爲兩種：一種是感情所煽起的熱情，另一種則是理智所支持的熱情。猶太人認爲，感情所煽起的熱情是很危險的，因爲感情時而高昂、時而低落，但卻絕不能持久，理智則可貫徹終生。

生意就是生意

生意人應該是徹底的理性主義者。因爲金錢和利潤是可見的、現實的，而感情是無形的、很快消逝的。

從「生意就是生意」這一信條的角度看，「國籍神聖」的觀念和「乘人之危」的道德考慮，都是迂腐的、多餘的自我束縛。當一般人還在種種的道德倫理觀念面前猶豫不決、徘徊不前的時候，猶太人已經把簽好的協議拿在手中了。

生意就是生意，這句話的意思是，在生意場上只能遵守商業規則，除此以外，日常生活中的親情、友情、尊老愛幼、禮讓、助人等其他的倫理道德規範，也都必須服從商業規則。在生意場上，一切都是商品，而商品則只有一個屬性，那就是增值、生錢，一切都應該服從這個最高目的。一句話，爲了賺錢，一切都可以放棄，只要能賺到錢，除了犯法的事不能做，違背合約的事不能做，其他的都可以去做。

生意就是生意，這句話使猶太商人在進行商業操作之前，先排除了眾多倫理道德規範的掣肘和情感的障礙，放下包袱，輕裝上陣，眼界看得寬，手腳放得開，處處得心應手，無往而不勝。比如一般企業家對於自己親手創立的公司，大都有一種特殊的感情，甚至視之如自己的孩子，悉心呵護，終身廝守，然後傳之後代，而後代對從先輩那裡繼承下來的公司，也就自然帶上了一層祖先崇拜的色彩。這些做法在猶太商人看來，就顯得非常可笑，因爲創立公司的目的，只是爲了賺錢，只要能賺錢，出售自己的公司也是生意的一種形式。

同樣的道理，猶太商人在進行商業操作時，對於所借助的東西，也從來沒有什麼顧忌，只要是有利於賺錢，且不違犯法律，就怎麼好用怎麼用，完全不必考慮過多。

說起來，猶太民族在生活上的禁忌之多、之嚴格，在世界各民族中是不多見的，並且這些禁忌歷經兩千多年而能以貫之，至今極少改變。但是在另一方面，猶太商人在經營商品時的百無禁忌，也是在各民族中不多見的。現代世界的許多原先非商業性的領域，大都是猶太商人打破禁區而納入商業範圍的。

正是基於「生意就是生意」這種觀念，猶太人的先祖在自己的生意經中列入了這麼一條：「每次都是初次交易。」

猶太人在經商的時候，時時不忘一條鐵律：「除了猶太人之外，不信任其他的人。」

猶太金融世家羅思柴爾德家族，就有一條不成文的家規：「縱然是自己的妻子或者丈夫，也要把他當外人看待，千萬不可輕易信任！」不相信他人，這是猶太人經商成功的經驗之一，也是他們防範買賣風險的智慧之舉。

對待政治也是這樣，不管你是誰，只要有錢賺，猶太人照樣和你做生意。

猶太人覺得和最信賴的生意來往者或最好的朋友談判，話說得很投機而你又肯出高價，買賣就可以成交。猶太人就是這樣，爲可以賣掉自己辛苦經營的公司獲利而歡呼。

商人是理性的人，他一切以自己的利潤爲判斷的標準，其他的東西不過是手段而已。而商場是感情不在的地方。

經典故事

「紅色資本家」哈默

當年，蘇聯剛剛成立，許多商人把蘇聯看作洪水猛獸，只有猶太人哈默不受侷限，獨闢蹊徑，結果在蘇聯發了大財。

成功使哈默信心大增，他想，我為什麼不回國一趟，聯合其他產品的生產企業，與蘇聯進行更多的貿易呢？

他說服的第一個人是亨利．福特。福特汽車早已聞名遐邇，其創始人亨利．福特也是個有名的反蘇派。哈默經人介紹與福特見了面，可是這位汽車巨擘開門見山地對他表達了反對意見，福特不否認在蘇聯市場上銷售自己公司的產品可以賺錢，但是他說：「我絕不運一根螺絲釘給敵人，除非蘇聯換了政府。」

福特的態度非常堅決，但是哈默並沒有氣餒，他說：「您要是等蘇聯換了政府才去那裡做生意，豈不是要在很長一段時間裡丟掉一個大市場嗎？」哈默把自己在蘇聯的見聞、經商的經歷，以及列寧如何對自己行方便的事，一五一十地講給福特聽，哈默說：「我們是商人，只管做我們的生意，而生意就是生意。」

福特對哈默的話漸漸產生了興趣，還和哈默共進午餐。餐後，福特又陪哈默去參觀自己的機械化農場，兩人談得非常投機。最後，福特終於同意哈默作爲自己產品在蘇聯的獨家代理人。哈默從福特這裡首先打開了缺口，很快又成了橡膠公司、機床公司、機械公司等許多家企業在蘇聯的獨家代理。

後來，在哈默的斡旋下，福特公司和蘇聯政府又達成了聯合興辦汽車、拖拉機生產工廠的合作協議，福特由此獲得了滾滾利潤，哈默自然也受益匪淺。

後來，哈默被前蘇聯政府譽爲「紅色資本家」，並深受俄國人的尊重。

11 善於借用資源

經典故事

季辛吉的高招

美國前國務卿季辛吉是猶太人，且不說其在外交工作中施展的政治手腕，就說他在處理白宮內的事務時，就是一位巧於借用別人力量和智慧的能手。

季辛吉有一個慣例，凡是下級呈報來的工作方案或議案，他先不看，壓它三天後，把提出方案或議案的人叫來，問他：「這是你最成熟的方案（議案）嗎？」對方思考一下，一般不敢肯定是最成熟的，只好答說：「也許還有不足之處。」季辛吉即會叫他拿回去再思考和修改得完善些。

過了一些時間後，提案者再次送來修改過的方案（議案），季辛吉閱後，會再問對方：「這是你最好的方案嗎？還有沒有別的比這方案更好的辦法？」這又使提案者往更深層次思考，把方案拿回去再研究。

就是這樣反覆讓別人深入思考研究，用盡最佳的智慧，達到自己所需要的目的，這不愧爲季辛吉的一手高招——這也反映出猶太人的一種成功訣竅。

用人不疑

猶太著名企業家吉威特經營多處餐館，承包了大量工程，他還擁有報社。他一個人是怎樣兼顧這些的呢？

原來，對於報社的經營，吉威特完全委託給他人，自己不親自參與，他只抓業績。他讓責任人定期彙報報紙的經營情況，如果業績不理想，他就讓他們拿出解決方案，他只注重最後的結果。

對建築工程也是一樣，吉威特向工程負責人指出，只要不發生事故，他從不干涉經營。

吉威特認爲，對經營者來說，這是一個應該遵循的原則：只指出做法，然後把一切委託給責任人，要「用人不疑、疑人不用」，這樣才能使事業順利發展。

❖《塔木德》智語

「沒有能力買鞋子時，可以借別人的，這樣比赤腳走得快。」

借勢借力，事半功倍

「如果你能給我指出一位百萬富翁，我就可以給你指出一位大貸款者。」威廉·立格遜在他的《我如何利用我的業餘時間，把一千美元變成三百萬美元》一書中這麼說。

看看猶太富翁們起家的歷史就會發現，他們可以在短短的二、三十年，就成爲遠近聞名的富豪。他們的發財速度之快，讓人咋舌。猶太人認爲一切都是可以靠借的——借資金、借技術、借人才，這些爲自己所用的東西都可以拿來。這個世界是已經準備好了一切你所需要的資源，你所要做的僅僅是把它們搜集起來，並運用智慧把它們有機地組合起來。

這就是猶太人的思維方式，他們的意思其實是說，生意人應該盡力貸款，借助銀行的資金爲自己辦事；如果你不能借用別人的資金，做生意是極爲困難的。

一個人或一個團體，凡是善於借助別人力量的，均可事半功倍，更容易、更快捷地達到成功的目的。猶太人不論是在商界或科技界，都是成功者眾多，因爲他們普遍都具有善於借助別人力量和智慧的本領。

事實上，人類自從走上文明之路時起，一直在尋求借勢、借力的辦法，正因爲不斷地創造了各種「借」的辦法，所以使人類不斷走向文明。

槓桿原理便是人類「借」力的一種發明，其後又發現了滑輪的原理。隨著時代的前進，人們知道把大小不同的滑輪加以組合，就可以用更小的力量舉起更重的物體。今天，只要一個人坐在起重機的坐墊上，就可以操動幾十萬斤的鋼架、貨櫃。人類依靠頭腦的作用，使人的力量發揮出最大的限度。

在人類的一切活動中，任何一項成功的事業，都是運用了滑輪的原理，借用別的力量，使自己的能力發揮到最大效果的。所有大企業都有一個共同特長，就是有一種識人的眼光，能夠抓住別人的優點，把每一個員工的位置都分配得十分恰當，使每個員工的力量和智慧能淋漓盡致地發揮出來。

猶太人不論在商界、政界還是在科技界的成功者，都是善於借用別人之「勢」，巧借別人之「智」的高手。

美國鋼鐵大王卡內基曾預先寫下這樣的墓誌：「睡在這裡的，是善於訪求比他更聰明的員工的人。」的確，卡內基能夠從一個鐵道工人變成一個鋼鐵大王，是他能夠發掘許多優秀人才為他工作，使他的工作效力增值了成千上萬倍的結果。

在科學技術和文化藝術領域也一樣，凡是獲得成功者，都有一套善於「借」的本領，牛頓曾說：「我成功，靠的是站在巨人的肩上。」猶太人有那麼多的學者能獲得諾貝爾獎，有那麼多科學家創造出世界級的發明，都是從前人創造的基礎上昇華的。如物理學家布洛赫，他能夠在原子核磁場方面取得了前人未有的成就，與他得到著名物理學家、量子學奠基人海森堡的指導和影響分不開的。

總而言之，猶太人懂得任何事業都不能一步登天，但「登天」的辦法卻是多種多樣的。辦法得當，則可快捷省勁。善「借」力量，則是一種快捷省勁的絕竅。

做生意總得要有本錢的，但本錢總是有限的，連世界首富也只不過擁有幾百億美元左右。但一個企業，哪怕是一般企業，一年可做幾十億美元的生意，如果是大企業，一年要做幾百億美元的生意，而企業本身的資本，只不過幾億或幾十億美元。他們靠的就是資金的不斷滾動周轉，把營業額做大。一個企業會不會做生意，很重要一條就是看它能否以較少的資金做較多的生意。

猶太人密歇爾・福里布林經營的大陸穀物總公司，能夠從一間小食品店，發展成爲一家世界最大的穀物交易跨國企業，主要因其善於借助先進的通訊科技，和善於借助大批懂技術、懂經營的高級人才。他不惜成本，不斷採用世界最先進的通訊設備，寧肯付出極高的報酬，請有眞才實學的經營管理人才到公司工作。這樣，使其公司資訊靈通，操作技巧精通，競爭能力總勝人一籌。他雖然付出了很大代價取得這些優勢，但他借用這些力量和智慧賺回的錢，遠比他支出的大得多，可謂「吃小虧占大便宜」。

經典故事

希爾頓飯店的誕生

著名的希爾頓飯店創始人希爾頓，從被迫離開家庭，到成爲身價五億七千萬美元的富翁，只用了十七年的時間。他發財的秘訣就是借用資源經營。希爾頓借到資源後，不斷地讓資源變成了新的資源，最後成爲了全部資源的主人——一名億萬富翁。

希爾頓年輕的時候特別想發財，可是一直沒有機會。有一天，他正在街上閒逛，突然發現整個繁華的優林斯商業區居然只有一家飯店。他就想：「我如果在這裡建設一座高級的飯店，生意一定會興隆。」於是，他認眞研究了一番，覺得位於達拉斯商業區大街轉角地段的一塊土地，最適合做旅店用地。他調查清楚了這塊土地的所有者，是一個叫老德米克的房地產商人之後，就去找他。老德米克給他開了個價，希爾頓如果想買這塊地皮，就要拿出三十萬美元。

希爾頓不置可否，卻請來了建築設計師和房地產評估師，給「他」的旅館進行測算。其實，這不過是希爾頓假想的一個旅館，他問按他設想的那個旅店需要多少錢，建築師告訴他起碼需要一百萬美元。

希爾頓只有五千美元，但是他成功地用這些錢買下了一個旅館，並不停地升值。不久他就有了五萬美元，然後找到了一個朋友，請他一起出資，兩人湊了十萬美元，開始建設這個旅館。當然，這點錢還不夠購買地皮的，離他設想的那個旅館還相差很遠。許多人覺得希爾頓這個想法是癡人說夢。

希爾頓再次找到老德米克，簽訂了買賣土地的協定，土地出讓費用爲三十萬美元。然而就在老德米克等著希爾頓如期付款的時候，希爾頓卻對老德米克說：「我想買你的土地，是想建造一座大型旅店，而我的錢只夠建造一般的旅館，所以我現在不想買你的地，只想租借你的地。」

老德米克有點發火，不願意和希爾頓合作了。希爾頓非常認眞地說：「如果我可以只租借你的土地的話，我的租期爲一百年，分期付款，每年的租金爲三萬美元，你可以保留土地所有權。如果我不能按期付款，那麼就請你收回你的土地和在這塊土地上我建造的飯店。」老德米克一聽，轉怒爲喜，想：「世界上還有這樣的好事，三十萬美元的土地出讓費沒有了，卻換來二百七十萬美元的未來收益和自己土地的所有權，還有可能包括土地上的飯店。」

於是，這筆交易就談成了，希爾頓第一年只需支付給老德米克三萬美元即可，而不用一次性支付昂貴的三十萬美元。也就是說，希爾頓只用了三萬美元，就拿到了應該用三十萬美元才能拿到的土地使用權。這樣希爾頓省下了二十七萬美元，但是這與建造旅店需要的一百萬美元相比，還是差距很大的。

於是，希爾頓又找到老德米克說：「我想以土地作爲抵押去貸款，希望你能同意。」老德米克非常生氣，可是也沒有辦法。

就這樣，希爾頓擁有了土地使用權，於是從銀行順利地獲得了三十萬美元，加上他已經支付給老德米克的三萬美元後剩下的七萬美元，他就有了三十七萬美元。

可是這筆資金離一百萬美元還是相差很遠，於是他又找到一個土地開發商，請求他一起開發這個旅館，這個開發商給他了二十萬美元，這樣他的資金就達到了五十七萬美元。

一九二四年五月，希爾頓旅店在資金缺口已不太大的情況下開工了。但是當旅店建設了一半的時候，他的五十七萬美元已經全部用光了，希爾頓又陷入了困境。這時，他還是來找老德米克，如實介紹了資金上的困難，希望老德米克能出資，把建了一半的建築物繼續完成。他說：「如果旅店一完工，你就可以擁有這個旅店，不過您應該租賃給我經營，我每年付給您的租金最低不少於十萬美元。」

這個時候，老德米克已經被套牢了，如果他不答應，不但希爾頓的錢收不回來，自己的錢也一分回不來了，他只好同意。而且最重要的是，自己並不吃虧——建希爾頓飯店，不但飯店是自己的，連土地也是自己的，每年還可以拿到十萬美元的租金收入，於是老德米克同意出資繼續完成剩下的工程。

一九二五年八月四日，以希爾頓名字命名的「希爾頓旅店」建成開業，希爾頓的人生開始步入輝煌時期。

希爾頓用「借」的辦法，用五千美元在兩年時間內完成了他的宏大計畫。這不能不說是善於利用別人的高手。其實，這樣的辦法說穿了也十分簡單：找一個有實力的利益追求者，想盡一切辦法，把他與自己的利益捆綁在一起，使之成爲一個不可分割的共同體，讓他幫助自己實現自己的目標。

洛維格借「勢」成功

洛維格是擁有當時世界上噸位最大的六艘油輪的猶太商人。另外，他還兼營旅遊、房地產和自然資源開發等行業。

洛維格第一次做的生意，只是一艘船的生意。他把一艘別人擱置很久、沉入海底的長約二十六英尺的柴油機動船打撈出來，然後用了四個月的時間將它維修好，並將船承包給別人，自己從中獲利五百美元。這使他很高興，也很感謝父親能借錢給他。他明白了借貸對於一貧如洗的人創業的重要。

青年時期的洛維格在企業界碰來碰去，總是債務纏身，屢屢有破產的危機。他始終也沒有跳出平常的思維，達到一種有希望的新境界。就在洛維格行將進入而立之年時，靈感也在這個時候爆發了。

他先後找了幾家紐約銀行，希望他們能貸款給他，買一艘一般規格水準的舊貨輪，他準備動手把它改造成賺錢較多的油輪，但是卻遭到了拒絕，理由是他沒有可以用來作爲擔保的東西。於是洛維格有了一個不合常規的想法。

他有一艘只能用來航行的老油輪，他將這條油輪以低廉的價格包租給一家石油公司。然後他去找銀行經理，告訴他們他有一條被石油公司包租的油輪，租金可每月由石油公司直接撥入銀行來抵付貸款的本息。經過幾番周折，紐約大通銀行終於答應了他的要求。

這就是洛維格奇異而超常的思維。儘管他並無擔保物，但是石油公司卻有著很好的效益，其潛力很大，除非天災人禍，石油公司的租金一定會按時入帳。而且洛維格的計算非常周密，石油公司的租金剛好可以抵償他銀行貸款的本息。他的這種巧妙的「空手道」做法看似荒誕，但實際上正是他成功的開端。

洛維格拿到了貸款，就去買下他想買的貨輪，然後自己動手將貨輪加以改裝，使之成爲一條航運能力較強的油輪。他利用新油輪，採取同樣的方式，把油輪包租出去，然後以包租金抵押，再貸到一筆款，然後又去買船，再去……，這樣，像神話一樣，他的船越來越多，而他每還清一筆貸款，一艘油輪便歸在了他的名下。隨著貸款的還清，那些包租船也就全部歸他所有。

洛維格的成功，最關鍵的地方，就在於他找到了一種巧借別人的「勢」來壯大自己的妙策。一方面，他將船租給石油公司，這樣他就有了與這家石油公司開展業務往來的背景。有這樣一家石油公司來襯托他，況且每月租金可以直接抵付利息，銀行當然樂意將錢貸給他了。另一方面，他用從銀行借來的錢再去買更好的貨輪，然後再租給石油公司，然後又貸款。從這一點上講，他又巧妙地利用借來的錢壯大了自己的「勢」，如此往復，借的錢越多，租出去的船也就越多；租出去的船越多，其「勢」就越壯大，「勢」越壯大，就可以獲得更多的錢……，這樣，像滾雪球一樣，他當然就發財了。

由此可以看出，猶太人不但精於利用別人的錢，更精於假借別人的力量來壯大自己，或者說爲自己服務。

12 做事要多看幾步

經典故事

哈利的妙計

哈利十五、六歲時，在一家馬戲團做童工，負責在場內叫賣小食品。但天氣寒冷，觀看馬戲的人不多，買東西吃的人更少，尤其是飲料，幾乎沒有人問津。

哈利想：「爲什麼沒有人要飲料呢？是不是人們不需要呀？怎麼讓人們在冷天也想喝飲料呢？」

哈利腦袋一轉，有了！於是，他大聲喊：「來看馬戲，誰買一張票就免費送您一包好吃的花生嘍！」

還有這樣的好事？人們紛紛從四面八方聚攏過來，人越來越多。人們津津有味地品嘗著這些花生，這些花生比平常的花生好吃，不過越吃越有點口渴，原來是這些花生被撒上了一些鹽。不過，既然花生是免費的，而且又這麼好吃，那就繼續吃吧，但要有點飲料解渴才好呀。

小哈利乘機推銷他的飲料，口乾舌燥的人們顧不得那麼多了，紛紛慷慨解囊，購買小哈利的飲料。這下，小哈利一天賣出去的飲料，居然相當於過去一個月的銷售量。

其實，看起來神奇的妙計，如果分析一下，小哈利不過是善於謀劃，比別人多看到幾步而已。

比別人多看幾步

大家都知道下棋。下棋的過程中，人們把僅僅看到一、兩步棋路的人，稱作「初級棋師」；把那些想到三、四步棋路的人，稱作「中級棋師」；但是把那些能夠估算到五、六步以上棋路的人，譽爲「高級棋師」。高手們的頭一、二步棋，人們常常琢磨不透他們的用意。以下棋比喻經商，商戰中的高手常常是這些運籌帷幄、決勝千里的商人。

如果你也是一個經商的人，那麼在你籌畫大事情的時候，應該問問自己：「我會想到第幾步？」作爲商人，就要有敏銳的眼光，可以預測未來發生的事情，不要只看眼前的幾步，那樣的人永遠只能跟在人們後邊，賠錢是肯定的。

❖《塔木德》智語

「多走幾步，會看到更多的風景。」

智者切麵包時，估算十次方才動刀；倘若換成愚者，即使切了十下，也不會估算一下。

猶太人會賺錢。賺錢對於他們來說，簡直就是輕而易舉的事。其實，如果你拋開這些神奇的傳說，認眞地看看猶太人的發財秘訣，你就知道原因是什麼了。我們來看看小哈利的這幾步是怎麼走的：

第一步：要想賣出去飲料，在冬天似乎不太可能，那就必須借助什麼東西，借助其他東西作爲媒介，來間接地實現自己的意圖，於是，看看手裡的東西，就是花生了。

第二步，把花生全部撒上一點鹽，這樣花生就變鹹了，鹹花生肯定更香，人們更願意吃；更重要的是，借助鹹花生，他可以賣掉自己的飲料了。

第三步，把鹹花生和票捆綁在一起，免費地贈送給來看馬戲的人，這樣做的目的，就是吸引那些貪圖便宜的人們前來，爲更多的推銷自己的飲料，做好顧客數量上的基礎。

其實，多看幾步，不過是要多多地思考，多想幾個可能性而已。由此可見，多多地想，多幾個謀劃，做好各種準備，事先多方面地計畫，把各種可能性都考慮進去，儘量利用對自己有利的一方面。想辦法克服對自己不利的一方面，促進其向好的方向發展。因爲一個東西總是兩面的，有利的方面也不總是有利的，不利的方面也不總是壞的，如果你利用得當，它就是有用的。任何的不利和有利，都是站在某個角度來說的。

經典故事

洛克菲勒的遠見

第二次世界大戰結束後，戰勝國決定成立一個處理世界事務的組織——聯合國。這個總部得建在繁華的城市裡才好，可是在任何一座繁華城市裡，購買建立龐大樓宇的土地，都是需要很大一筆資金的，而剛剛起步的聯合國總部的資金極爲有限。各國首腦爲此事不停地商量來、商量去。

這個時候，洛克菲勒家族聽說了這件事，他們立刻宣布，願意出資八百七十萬美元，在紐約買下一塊地皮，並且無條件地捐贈給聯合國。人們不禁驚訝了，花這麼大的價錢買土地免費給聯合國，能有什麼好處？洛克菲勒家族這麼做簡直是頭腦發暈了！

可是他們並不知道，當洛克菲勒家族在買下土地捐贈給聯合國的時候，也買下了與這塊土地毗連的全部土地。等到聯合國大樓建起來後，四周的地價立即飆升起來。

當人們明白過來的時候，洛克菲勒家族已經賺得盆滿缽溢了。

這就是猶太人智者的做法，他們的第一、兩步棋，我們通常是猜不到他的用意何在，甚至於懷疑他們的智商。他的眞實意圖總是在事情快有了結局的時候，我們才恍然大悟，可是這已經是事情的結局了。

比別人多看幾步，就決定了你是否可以發財，你能想到未來的發展情況有多遠，那你的成功就有多遠。

吉威特的先見之明

猶太巨富吉威特，具有一種近似天才的遠見。當一件事尚未來臨，他便能預見它將在何時發生。可以說，先見之明是他的事業成功的關鍵。

自從一九三〇年以來，吉威特對每十年來臨一次的時代新浪潮，都能十分準確地把握，而且抓住機會，把它聯繫在自己的事業上，使自己成功。

三〇年代：在這個不景氣的年代（經濟危機），大多數的土木建築業者都無事可做，但吉威特卻預見到公共投資不久將復甦，於是盡力去做事前的準備，獲大利。

四〇年代：預見有關防禦方面的工程——尤其是空軍基地的建築將增多。

五〇年代：預見高速公路以及飛彈基地建築時代將來臨。

六〇年代：預見都市交通網將有大的發展。

……

如此這般，吉威特每次都把因時代潮流而帶來建設需要，在事先就把握住了。

這種先見之明，奠定了今日吉威特王國的基礎。

13 猶太人的談判智慧

經典故事

談判前的準備

荷蘭猶太電器銷售商霍夫曼，準備從日本一家電器製造商——東澤公司，長期購買一批電器元件。在談判的前兩週，霍夫曼趕到了日本，他特意聘請了一位高級律師作自己的談判顧問，並委託該律師收集有關東澤公司的情報。

這位律師調查發現，東澤公司近年來財務狀況不佳，但正在改善中；霍夫曼這次欲購的電器元件，日本另一家公司也生產，還有一家台灣公司生產；由於有競爭對手，產品的價格也可以有一些浮動。

知道這些情況後，霍夫曼立即與律師磋商談判的有關細節，這次討論持續了十幾個小時。日本律師對霍夫曼大加讚賞，因爲許多聘請他做顧問的商人到達日本後，往往匆匆交換一下情況，便急忙去「體驗」當地生活去了。

霍夫曼自己也坦言，他們與其他民族的商人不同，因爲對日本一無所知，所以希望先瞭解日本工商界的相關情況，才能「有的放矢」。霍夫曼又對合約的幾個細節提出法律上的疑問，並分別加以研究。他對日本的民族文化特別關注，認眞地作了研究。

霍夫曼和律師商定，對於商品的價格、付款條件和其他問題，臨場做出決斷。最後，霍夫曼和律師又對日荷兩國法律的差異做了深入研究。

在談判過程中的價格確定，以及後來合約執行過程中，出現了東澤公司侵犯他人知識產權的糾紛等情況。由於霍夫曼提前在合約中做出規定，才使自己的合法權益沒有受到侵害。日本律師這時候才認識到霍夫曼前期細緻的準備工作的重要。

❖《塔木德》智語

「與其迷一次路，不如問十次路。」

猶太人的談判技巧

在一般的商業活動和日常的生活當中，猶太商人總是特別重視準備工作，表現出一種「打破沙鍋問到底」的徹底求知精神。他們每到一地做商業考察，必定要花很多功夫來研究當地的風土、人情、習俗，乃至歷史、地理、宗教。他們知道，只有盡可能地瞭解對方，才能在生意當中處於主動，才能應付各種可能的變故，才能眞正洞悉可能存在的商機。他們對於任何問題，都務求徹底瞭解，一知半解是他們最憎惡的。他們事無大小，絕不會不懂裝懂或不求甚解，而是不懂就問，且勇於不恥下問，從不以問爲恥，而是以問爲榮。這種打破沙鍋問到底的求知精神，使他們累積的知識越來越豐富，最終成就爲縱橫世界各地、學識淵博的第一商人！

猶太人談判的第一天，通常是以吵架結束的。

談判那天，猶太人會十分準時地到達談判的地點，絕不讓你等待一分鐘。雙方見面後，猶太人非常謙卑，客氣地和你問候，微笑著和你交流，那甜蜜的笑容讓你覺得整個世界都是美好的。然而一旦進入談判，他們會把談判的條件提得很高，距離雙方的協議差距很遠，而且爲了合約上一點細節，會和對方討價還價。雙方於是開始不停地爭論，最後變成了激烈的爭吵，雙方爭吵得面紅耳赤，甚至開始憤怒地謾罵——這一天簡直是糟糕透了。

於是，談判的另一方氣憤地覺得，猶太人簡直太難打交道了，這筆生意十有八九是做不成的。但是，就在第二天，猶太人又會和你約定談判的時間和地點，他們說話的神情十分熱情和眞誠，態度是那樣的溫和與客氣，彷彿昨天的種種不愉快沒有發生過一樣。

猶太人的態度變化如此之快，簡直讓人覺得不可思議，於是對方就會詢問猶太人態度發生如此大幅度變化的原因，猶太人哈哈一笑：「人的細胞代謝得很快，昨天吵架的細胞，已經被今天的溫和細胞代替，所以今天沒有必要再記恨！」

接下來的談判與昨天一樣，他們時時提出各種苛刻的條件，並且表示對方一定要接受，而對方提出的條件他們則一一否決，不予答應，眞是令人忍無可忍，這種態度經常會激怒對方。於是談判對手不自覺地就會認爲很難把他們的條件收下來，而且已經被他們激烈的爭吵弄得頭昏腦脹了，不知不覺就糊里糊塗地答應了很多自己事先決定不答應的事情。況且對手已經厭倦了這種爭吵，希望儘快地結束這種謾罵式的談判。對手可能很快就和他們結束了談判，結果放棄了很多利益。

這就是猶太人談判的招數：激怒對方，讓對方在憤怒中失去理智，進而答應自己的條件。這就是猶太人的精明之處，要知道猶太人是極爲理性的，他們在任何的時候，都能理智地處理問題，不會感情用事。他們在談判中顯得十分憤怒，其實他們的心裡十分明白他們是在做什麼。一旦對手被他們表面的憤怒所感染，心理失去平衡，那在談判中就會白白地放棄自己的利益。

可是合約和協定一旦簽訂，是無法更改和變化的，而且對方也知道和猶太人做生意，最重要的就是信守合約，否則將永遠失去和他們做生意的機會。

猶太人的經商史，可以說是一部有關契約的簽訂和履行的歷史。猶太人之所以成功的一個主要原因，就在於他們一旦簽訂了契約，就一定執行，即使有再大的困難和風險，也要自己承擔。他們信任契約，因爲他們深信：「我們的存在，也履行和神的簽約，絕不可毀。」

所以，他們在談判中就非常講究談判藝術，千方百計地討價還價。因爲他們知道一旦簽訂了合約，就必須履行，所以他們格外的小心和慎重，一定要使自己簽訂的這份合約無懈可擊，而且無論出現什麼問題，都可以有挽救的機會。由於各個國家對契約的態度不一樣，所以，他們在與別人打交道的時候，總是小心謹慎，因爲他們不瞭解對方是否會守約。

因而一開始的時候，他們不會很相信對方。他們最忌諱的事情就是違約，如果有人一次不遵守契約，那麼這個人終身都不可能再讓猶太人相信他了。他們還會把那個違約的人告訴整個商業界，讓他的生意結束。因此，想博得猶太人的信任，最重要的一件事情就是遵守契約。無論發生了什麼突變，無論在什麼樣的特殊環境之下，都要不遺餘力地遵守契約，因爲對於信奉猶太教的猶太人來說，他們絕對不會原諒一個對他們的神不尊敬的人。

猶太商人不主張貿然行動。在談判的過程中，他們善於從言語上探聽對方的虛實，一方面把自己的情緒藏得密密實實，另一方面卻不斷挖出對方隱藏的底牌。

猶太人談判七招

1.「如果……，怎麼樣」策略：

如果賣方報價一元，作爲買方的猶太商人就要想，如果自己多買一點其他東西，賣方是否願意把價錢降到九角，於是他會直接問賣方：「九角賣不賣？」

2.「另做考慮」策略：

作爲賣方的猶太商人想，如果連帶家具的話，買方是否願意花二十五萬元買下這棟房子？於是他提出這個價格給買方參考，如果買方上鉤的話，賣方就可以估算出買方的預算和底價了。

3.「土地熱賣」策略：

土地開發商告訴顧客，去年有一個客人，花了五十萬元買下這棟房子，假如買主說：「換了是我，也一樣買。」土地開發商就摸到買主的預算肯定超過五十萬元。

4.「全部買下的批發」策略：

賣方的布料開價每公尺三十元，猶太商人就會先問賣方，如果將這一百公尺全部買下，是否可以便宜到每公尺十五元。藉此還價，買方可探明賣方的成本大約是多少。

5.「置之死地而後生」策略：

買方向賣方購買船隻，但因爲出價太低，賣方難以接受，只好拒絕。買方接著跟賣方說，自己不夠財力買一艘船，不過他實在很感興趣，這麼一艘船到底値多少錢。賣主心想，既然賣不成，交個朋友也好，於是雙方就毫無戒備地聊起來，沒想到，這時買方又突然提出另一個價格。

6.「探子」策略：

探子開出一個奇低的報價，試探賣方的反應，然後眞正的買方根據探子得來的底線，決定如何和賣方討價還價。

7.「荒謬」策略：

買主以幾部車、幾艘船和一堆亂七八糟的物品，要和賣方交換一塊土地。賣主指著買方大笑，說他開出的條件太可笑，這塊地值多少錢，大家心裡應該都有底。地產經紀就運用這種方法，探出賣土地的人心中眞正的底價。

14猶太人經典智慧故事

經典故事

借刀殺人——「我不知道」

有一天，羅馬大主教下了一道命令，命令猶太社區的猶太人派一位代表，去和一位基督教大學者辯論，失敗者將被殺頭。如果不派人，則所有人都要被殺掉。

猶太人聽到這個消息後都嚇壞了，誰也不敢和基督教大學者辯論。拉比無奈，只好向教徒發出布告，徵集勇敢的智者。過了好幾天，有一位小裁縫前來報名，並表示願意獻身。

辯論的日子到了，許多人聚集到廣場上。羅馬大主教讓猶太人的代表發問，並宣布，任何一方只要有兩個問題不知道，即算辯論失敗。

猶太小裁縫向基督教大學者問道：「如果您是猶太教權威，那麼告訴我：希伯來文的『我不知道』是什麼意思？」

「我不知道！」大學者流利地大聲回答。

「什麼？」小裁縫高興的叫道，「我再問一遍：希伯來文的『我不知道』是什麼意思？」

「我不知道！」這回學者有點兒不耐煩了，但觀眾卻大聲起哄：「他說他不知道！」

羅馬大主教清清楚楚地聽到大學者兩次承認自己不知道，只好宣布辯論結束，基督大學者馬上被拉走絞死了。猶太人又躲過了「一劫」。

「告訴我們，你怎麼能想到這麼一個聰明的問題去難倒那個大學者的？」許多猶太人向小裁縫表示祝賀。

「我告訴大家，」小裁縫說，「我斷定，博學的大學者肯定知道這個意思，但羅馬大主教一定不知道。看來，我的判斷是對的，不過冒險也是值得的。」

瞎子背跛子

有一天，只有瞎子和跛子去祈禱，突然房子起火了。在四周無人的情況下，在生命的緊急關頭，瞎子讓跛子爬在他身上，兩個人來了個「瞎子背跛」的逃命方式，結果兩人都「活」了下來。

這既是猶太人強調團結，也是利用組合思維方式，也就是在分析的基礎上，把各種材料或事實的優點找出來，優化資源配置，找出利益的所在。

巧用漏洞

一九六八年前後，日元堅挺，美元疲軟，因而日本外匯儲備飛速增加。到一九七一年八月，從三十億美元猛增到一百五十億！對此，日本各界人士均陶醉於良好的自我感覺之中。

然而猶太人卻在暗暗高興，向日本猛拋美元，因爲他們知道日元升值是遲早的事。他們看出日本當時「外匯預付制度」的漏洞，那就是日政府預付外匯和允許退貨的鼓勵制度。猶太人先與日本出口商簽訂合約，將美元賣給日本。然後等到日元升值，再以退貨爲由把美元買回。這一買一賣，穩賺大錢。

當日本外匯儲備過高時，他們才如夢方醒，可這已爲時太晚。短短幾個月，日本政府損失了八億美元。

許多猶太人高興得流著眼淚，感謝日本政府的「寬大」。

巧妙討債

梅思從布商卡拉處批發了一千四百元的布料，卻總不結帳。卡拉催了幾次，梅思都避而不見。卡拉寫了幾封信，也沒有回音。這使卡拉急得不行。

卡拉的朋友給他出了個主意：「你不妨寫封催款信，讓他儘快還二千元的債，看他如何反應。」

果然，信剛發了三天，梅思就回信了：「卡拉，你這混蛋，是不是腦子出了毛病？我明明只從你處批了一千四百元的貨，你為什麼訛我二千元。隨信寄去所欠的一千四百元，以後再不願與你打交道。要打官司，你一定輸。」

如何勸架

有一次，一位喜歡和人吵架的同事在和人吵架後，來找愛因斯坦評理。

愛因斯坦聽他說話的火藥味還濃得很，大有一觸即發之勢，便笑呵呵地拿起心愛的小提琴，說：「來，來，我們還是來拉拉韓德爾吧！」

這位同事忍不住笑了。因為作為德國古典作曲家的韓德爾的名字，在德語中也有「吵架」的意思。

偷來的智慧

猶太人特奧的父母不幸辭世，給他和哥哥卡爾留下了一個小小的雜貨店。微薄的資金、簡陋的設施，他們靠著出售一些罐頭和汽水之類的食品，勉強度日。

兄弟倆不甘心這種窮苦的狀況，一直尋找發財的機會。有一天，卡爾問弟弟：「爲什麼同樣的商店，有的賺錢，有的只能像我們這樣慘澹經營呢？」特奧回答說：「我覺得我們經營有問題，如果經營得好，小本生意也可以賺錢的。」

「可是，如何才能經營得好呢？」於是，他們決定經常去其他商店看一看。

有一天，他們來到一家「消費商店」，這家商店顧客盈門，生意興旺，引起了兄弟倆的注意。他們走到商店外面，看到門外有一張醒目的告示上寫著：「凡來本店購物的顧客，請保存發票，年底可以憑發票額的3％免費購物。」

他們把這份告示看了又看，終於明白這家商店生意興隆的原因了。原來顧客就是貪圖那「3％」的免費商品。

他們回到自己的店裡後，立即貼了一個醒目的告示：「本店從即日起，全部商品折價3％，本店保證所售商品爲全市最低價，如顧客發現不是全市最低價，本店可以退回差價，並給予獎勵。」

就是憑藉這種「偷」來的智慧，他們兄弟的商店迅速擴大，成爲世界上最大的連鎖商店之一。

第二章

CLASSICAL STORY THE BIBLE OF JEWISH HOME-EDUCATION

猶太家庭的財富教育

PART 2

猶太人素把金錢當成是自己的第二上帝，

他們認為，在這個世界上除了上帝之外，

就只有金錢最值得人尊敬和重視。

1 重視早期財富教育

經典故事

老洛克菲勒的財富教育

洛克菲勒從小時候就開始幫助家裡幹雜活，或幫父親到農場勞動，以獲得父母給的零用錢。

洛克菲勒六歲的時候，他看到有一隻火雞在不停地走動，很長時間了也沒有人來找，於是他捉住了那隻火雞，把牠賣給了附近的農民鄰居。洛克菲勒的母親是一位虔誠的教徒，認爲這樣是褻瀆了神靈；而洛克菲勒的父親卻認爲這是一個好現象，認爲洛克菲勒有做商人的獨特本領，對他大加讚賞。

有了這次的「經商」經歷，洛克菲勒的膽子大了起來。不久他就把從父親那裡賺來的五十美元貸給了附近農民。說好利息和歸還的日期之後，到了時間他就一定準時去討要，毫不含糊地收回五十三・七五美元的本息。

這令當地的農民覺得不可思議：這樣的一個小孩，居然有這麼好的商業意識。

他們哪裡知道，這是老洛克菲勒很早就對兒子進行財富教育的結果。

老銀行家和孫子

美國一位猶太銀行家的兒子取得博士學位後，改信了基督教。

這件事深深地傷害了老銀行家的心，儘管兩個小孫子經常來看他，但他仍然不能釋懷。

一天，銀行家看見兩個小孩子剪紙玩，便問他們在玩什麼遊戲。

「我們在玩您的錢。」

老銀行家一聽，非常高興：「小孫子的身上仍然有我的血統。」

笑話一則

有則笑話是這樣講的：

范因斯坦一家都接受了基督教的洗禮，可是薩洛蒙仍想與他結爲兒女親家。范因斯坦不高興了，他對薩洛蒙說：「老弟，我們可不能結爲親家啊！第一，你是猶太教徒，我是基督教徒；第二，你窮得和叫花子差不多，一個錢都沒有，你知道，對我們猶太人來說，金錢可比一切都重要。」

這則笑話是在笑話范因斯坦的前言不搭後語嗎？剛談自己是基督教徒，接著又自稱是猶太人，豈不矛盾？但認眞琢磨，則是：范因斯坦在基督教的壓力下，不得不改信宗教，但永遠改不掉的是對錢的態度。他的血管裡流淌的是猶太人的血，而猶太人則是以錢爲重要的民族標記的！

這個笑話是以猶太人所面臨的最大的威脅——文化同化爲題材，但宗教信仰並不是猶太「血統」的界定標準，沒有宗教分別的鈔票，才眞正成了猶太人「血統」的界定標準。

猶太人的金錢觀念

猶太人以宗教作爲生活的依託，但他們從不輕視金錢。猶太商人以重視金錢而聞名。猶太人素把金錢當成是自己的第二上帝，他們認爲，在這個世界上除了上帝之外，就只有金錢最值得人尊敬和重視。

不論在古代還是現代，金錢在社會的作用是絕不可以低估的。如果沒有金錢。

就很少有人會器重你，你也處於一種孤立的邊緣地帶，處於社會的弱者地位。猶太人這樣說：「富親戚是近親戚，窮親戚是遠親戚。」猶太人的歷史一再地驗證了這個事實，他們沒有金錢的時候，就處於社會的底層，人們都看不起他們，他們走到哪裡，都會受到凌辱和壓迫。等到他們有了錢，就可以和貴族平起平坐，讓人們對他們欽慕和妒忌不已。猶太人終於認識到了：在社會中，沒有錢的人注定是可憐的人。要獲得尊嚴和尊敬，就必須有錢。

❖《塔木德》智語

「《聖經》放射光明，金錢散發溫暖。」

「身體依心而生存，心則依靠錢包而生存。」

「錢不是罪惡，也不是詛咒，它在祝福著人們。」

「傷害人們的東西有三：煩惱、爭吵、空錢包，其中以空錢包爲最。」

猶太人對金錢的重視程度，幾乎到了頂禮膜拜的程度。兩千多年的流浪經歷，他們沒有自己的土地，也沒有自己的國家，他們只能在異國他鄉寄居生存。他們邊際性地活動在各個集團、各個行業甚至不同的國家之間。他們唯一能掌握的，便是透過商業經營而賺來的錢。金錢在這個世界上有著巨大的力量，它不但給人們生存的機會，而且能為人們爭得權利和地位。

一個民族一旦掌握了金錢，她便掌握了自己生存和發展的權利，也就同樣掌握了對付源自外來民族的敵意和壓迫的力量。猶太人歷經兩千多年的流浪，歷經迫害、壓迫、放逐乃至殺戮，始終未被同化，且最終建立了自己的主權國家——以色列，這或許是人類歷史上僅有的奇蹟。人們會問，猶太人何以生命如此頑強，歷經磨難而不滅，答案或許就是一個字：錢！

馬克思在《論猶太人問題》中這樣寫道：「猶太人用自己的方式解放自己，他們解放了自己，不僅因為他們掌握了金錢勢力，而且因為金錢透過他們或者不透過他們成了世界勢力，猶太人的實際精神，就成了基督教各國人們的實際精神，猶太人的自我解放到了使基督教徒變成猶太人的程度。」

馬克思在這裡試圖要說明的是：猶太人儘管歷盡磨難、流浪異鄉，但他們靠自己的指揮，透過對金錢、對財富的不斷追求，來為自己贏得了生存和發展的機會。同時，由於猶太人在追逐、聚集財富方面的成功，使得其他民族不得不對其刮目相看，也使得其他民族不得不向猶太人學習，因為在商業社會（馬克思的原意是資本主義世界）中，人的成功標誌、人的價值的實現，更多地是依靠自己在財富方面的成功。在這個意義上，猶太民族無疑是世界上最優秀、也最具有先知的民族了。

早期財富教育奠定成功基礎

猶太人裡面巨賈富商輩出，猶如天上的星辰一樣眾多，這除了他們自身的努力和勤奮外，他們早期受到的家庭財富教育和薰陶，起了決定性的作用。猶太人這些早期的有關財富的教育，讓他們很早就知道怎麼投資、怎樣獲得財富、怎樣理財。這些為他們日後的成功積攢了重要的經驗。

人們說，猶太人天生就會做生意，這句話是沒有道理的。猶太人的經商天才，一方面是來自於父母的「身教」，另一方面還來自於父母的「言教」。

《塔木德》規定，每個希伯來男孩無論其家境好壞，地位高低，都必須學習經商的技巧，進行經商訓練。

兒童長到十八歲時，如果不從事神職工作，便要學會經商。

在早期希伯來教育中，把經商技能的訓練，視作培養孩子的一個重要方面。如果一個孩子在這方面接受並掌握了基本的知識，他就會被認爲是已具備了必備的生活技能。

猶太人從小就注重財富的教育，尤其是對於投資的教育是世界聞名的：在美國，猶太父母會給剛滿週歲的小孩送股票，這成爲了他們民族的慣例。

而再看看別的民族的孩子們，在這個時候，他們的父母卻在教他們的孩子如何聽話，教育他們怎樣才能博得大人的喜歡，做一個讓家長、老師都滿意的孩子。爲了讓他們的孩子以後也有所成就，父母送他們進音樂、繪畫之類的班級，希望他們能憑藉自己的一技之長一鳴驚人。他們從小做的所有事情，都被父母所管制，喜歡什麼都依靠父母生活。他們的孩子甚至很大了，還需要別人爲自己做好一切事情。

因而，猶太人和這些民族的青少年一起開創事業的時候，就有了相當的經驗，一旦進入了一個好地方，遇到了一個良好的機會，當別人還在懵懵懂懂的時候，他們就可以捷足先登了。這是他們成就眾多富豪的重要原因。因而，要想成爲富有的人，最早的人生財富教育是不可缺少的。由於猶太民族自古就有經商的傳統，具有了豐富的商業經驗，而其他的民族則相對缺乏這種財富的教育，這是促使猶太人成爲世界商人的重要原因。

經典故事

洛克菲勒的「家庭公司」

約翰．洛克菲勒經商獲得極大成功之後，他把自己父母教育自己正確認識金錢的辦法，用於教育他的子女。他拒絕他的兒女們進入他的公司，即使是他的妻子，他也極少讓她進入公司。

有一次，洛克菲勒十五歲的二女兒瑪利亞因爲有事情找他，去了他的辦公室。恰巧他出去辦事不在，等他回來了，知道瑪利亞進過他的公司，居然在家大發雷霆。

這就是洛克菲勒式的教育方法，因爲他要讓他的子女們知道，一切靠自己的奮鬥去獲得自己的成功，絕不要因爲自己是富翁而讓他們有任何的依靠。

在家裡，洛克菲勒設計了一套完整的虛擬的市場經濟。洛克菲勒讓自己的妻子做「總經理」，而讓自己的孩子們做家務，由自己的妻子根據每個孩子家務做的情況，給他們零用錢，他的整個家似乎就是一個公司。

洛克菲勒還讓他的孩子們學著記帳，他要求他的孩子在每天睡覺之前，必須記下每一天的每一筆開銷，無論是買小玩具汽車還是買鉛筆，都要如實地一一記錄。洛克菲勒每天晚上都要查看孩子們的記錄，無論孩子們買什麼，他都要詢問為什麼要這些東西，讓孩子們做一個合理的解釋。如果孩子們的記錄清楚、真實，而且解釋得有理由，洛克菲勒覺得很滿意，那他就會獎賞孩子們五美分。如果他覺得不好就警告他們，如果再這樣，就從下次的勞動報酬中扣除五美分。洛克菲勒的這種詢問孩子開銷、但是絕對不干涉的政策，讓孩子們很高興，他們都爭著把自己記錄整齊的帳本給父親看。

洛克菲勒經常告訴孩子們，要學會過有節制的生活，他在廚房裡擺放了六個杯子，杯上寫著每個孩子的姓名，杯子裡面裝的則是孩子們一週用的方糖。如果哪個孩子過多地貪吃了杯子裡的糖，那麼等到別人喝咖啡放方糖的時候，他則只有喝苦咖啡了。如果想要得到糖，那就只有到下週等父母的發放了。經過這樣的幾次訓練，孩子們都知道了有節制的生活是有好處的，如果隨便消費自己的東西，消費完了，等待的就只有苦味了。

這些方法培養了猶太人最早的賺錢本領。要想擁有金錢，不但要學會賺錢，同時還要學會理財和節儉，學會「開源」和「節流」兩套本領。

如何對孩子進行早期財富教育

現在聚集在北美的猶太人，是這樣對自己的孩子進行財富教育的。

・小孩三歲的時候，父母就開始教他們辨認硬幣和紙幣。

・五歲的時候，讓孩子們知道錢幣可以購買任何他們想要的東西，並且告訴他們錢是怎樣來的。

・七歲的時候，教孩子看懂價格的標籤，以培養他們「錢能換物」的理財觀念。

・八歲的時候，讓孩子知道他可以透過做額外的工作賺錢，知道把錢儲存在銀行的儲蓄帳戶裡。

・十歲的時候，讓孩子懂得每週節儉一點錢，以備大筆開支使用。

・十一歲～十二歲的時候，讓孩子知道從電視廣告裡發現事實，制定並執行兩週以上的開銷計畫，懂得正確使用銀行業務的術語。

這樣，孩子們很小就知道金融等方面的知識，稍大一些他們就對金融非常瞭解了。

這也許就是爲什麼猶太人在金融方面占有得天獨厚的優勢的原因。他們一直壟斷著世界的金融行業，和他們的這種對錢的敏感有著天然的聯繫，難怪人們說猶太人是「天生的金融家」。

2 造就孩子的誠信品質

經典故事

婚約

《塔木德》裡有一個故事，說明了猶太人對違反契約的人的態度。

在很久以前，有一家人外出旅行。途中，這家人的女兒出去散步卻迷了路，正當她口渴的時候，她發現了一口水井。沒有別的工具，她只好攀援吊桶，去井裡喝水。喝完水後，卻怎麼也上不來。此時恰好有個男青年路過此地，聽到哭喊的聲音，便將女孩救了上來。這個女孩爲了報答他的救命之恩，就與他私定終身。

兩人訂下婚約後，正找不到合適的證婚人，恰好見到一隻黃鼠狼。於是，黃鼠狼和那口水井就成了他們的證婚人。

兩人就此分別。

若干年以後，女孩仍然癡心地等待自己未婚夫的歸來。不料，那個負心人已在他鄉結婚生子，早把山盟海誓的婚約忘了。

再說那個男人，他的妻子給他生了兩個孩子，但是他們的兩個孩子，一個一天在外玩耍被一隻黃鼠狼咬死了；另一個在井邊玩耍的時候，掉進井裡淹死了。

這時候，男青年才想起了他和女孩的婚約，以及作證的黃鼠狼和水井。於是，他和妻子離了婚，終於回到那個忠貞不渝的女孩身旁。

驢子和鑽石

有位拉比，平日靠砍柴爲生，但是爲了研究《塔木德》，他決定買一頭驢來代替自己運柴，以節省時間看書。

拉比到了市集上，從一個阿拉伯人那裡買了一頭驢回到了家，徒弟們一見非常高興，就把驢牽到河邊洗澡。恰好此時，驢脖子上掉下來一顆很大的鑽石，光芒四射，徒弟們歡呼雀躍，認爲這是上天賜給拉比的禮物。這樣一來，這位貧窮的拉比從此就可以不用天天砍柴，可以專心致志地研讀《塔木德》了。

當徒弟們興高采烈地把這顆珍貴的寶石給拉比看的時候，拉比卻平靜地說：「我們應該把這顆鑽石還給那位阿拉伯人。」

徒弟們不解，拉比嚴肅地說：「我們買的是驢子，不是鑽石，我們猶太人只能擁有屬於我們自己的東西。」

阿拉伯人見到徒弟們手裡的鑽石，非常驚奇：「你們買了這頭驢，既然鑽石在這頭驢的身上，那你們也就擁有了這顆鑽石。所以，你們不必還我了，還是自己拿著吧。」

拉比說：「這是我們猶太人的傳統，我們只能拿支付過金錢的東西，所以，這顆鑽石必須還給你。」

阿拉伯人聽後肅然起敬，說：「你們的神必定是宇宙裡最偉大的神。」

《塔木德》的這個故事，是教育猶太人應該誠實，絕不可以用任何辦法來不勞而獲地取得財富。

維護契約的神聖性

在猶太人的內部，他們之間極爲重視誠信、極爲重視契約，一旦簽訂了就必須遵守，絕對不可以有任何的理由不履行契約。爲了維護契約的神聖性，他們極爲愼重，絕不讓契約有什麼漏洞，避免給欺詐帶來方便。

❖《塔木德》智語

「一個人死後進入天國前，上帝會先問：你生前做買賣時，是否誠實無欺？如果欺詐，將被打入地獄。」

「魚離開水就會死亡，人沒有禮儀便無法生存，不講誠信則會受煉獄的懲罰。」

「遵守契約，尊重契約，你獲得的將不只是尊重。」

「人之所以存在，是因爲與上帝簽訂了存在的契約之緣。」

「契約是衡量一個人道德品質的天平。」

《聖經》上記載了上帝耶和華和猶太人之間的契約關係：上帝要猶太人作爲自己的「特選之民」，猶太男人出生的第八天，就要在父母的帶領下做「割禮」（即將男子的包皮割去），作爲上帝和猶太人之間契約的證明。耶和華要求猶太人歷盡流浪之苦，最後等待救世主彌賽亞的到來，到時候，所有的人都必將得到救贖。他將降下彩虹，作爲和猶太人簽約的見證。

《塔木德》這樣告誡猶太人：「你們不可偷盜；不可欺騙；不可搶奪他人的財物；不可向著我起假誓，褻瀆我的名。」他們深信：「我們的存在，就是履行和神簽訂的契約。」

契約就是人存在的理由，沒有和上帝的契約，就不會有人類存在。因此，猶太人極爲注重契約，認爲契約是和耶和華簽訂的，是無比神聖的事情。

在猶太人看來，誠實是支撐世界的三大支柱之一。兩千多年的流浪生涯中，猶太人遭人歧視壓迫，遭受了無數的欺詐和惡意的詆謗，他們飽嘗了美麗的謊言背後的兇險和惡毒。因此，他們對說謊者極爲反感，對欺詐深惡痛絕，他們絕不縱容自己撒謊騙人，也不允許別人欺騙他們。

猶太先知說，世界末日一定要到來，當末日到來的時候，所有的人都要接受大審判，如果誰在這個世界上做了好事，他死後靈魂就會進入天堂；如果誰在生前作惡多端，那他死後，他的靈魂就會被打入地獄，接受煉獄之苦。世界末日來臨時的大審判，判斷孰好孰壞要問五個問題，這五個問題是：你在做生意的時候誠實嗎？你騰出時間學習了嗎？你盡力工作了嗎？你渴望得到神的救贖嗎？你參與過智慧的爭論嗎？

猶太人不僅自己恪守契約，也要求對方嚴格遵守，經驗告訴他們：「給對方以仁慈讓步，就是對自己的殘忍。」

誠信成就「世界第一商人」

在猶太商人作為「世界第一商人」的商旅生涯中，猶太民族與其他民族打交道最多。作為一個弱小的民族，在兩千多年的流浪中，沒有被其他民族同化或湮滅，並且還能不斷從他們的腰包中大把大把地賺錢，其原因除了我們前面述及的以外，還有一個重要的原因，就在於他們誠信經商、坦誠為人、尊重他人，彼此寬容的道德操守。因為嚴於律己、重信守約，猶太商人才贏得了「世界第一商人」的口碑；而誠信經商，更使得猶太商人得到了世人的信任和尊敬，這在商業社會無疑是一筆最重要、最寶貴的無形資產。

猶太商人的誠信，一方面來自於其宗教文化，《塔木德》中有許多關於貿易活動中誠信原則的規定，記載了許多關於誠實經商的實例，培養了猶太人誠實的商業原則。

另一方面，猶太商人的誠信來自其遠見卓識，作為一種弱勢存在，如果不守誠信，猶太民族必定早已消失。猶太人無論做人還是經商，絕不用那種欺騙的手段來獲取財富。因此，猶太人厭惡那種流寇式的作戰方法和短期策略，即使是在到處被人驅趕、朝不保夕的時候，他們看重的也是長期合作、注重信譽，因此擁有很好的商業口碑。他們的商品絕少有假冒僞劣。他們說，誠信經商是商人最大的善。所以在猶太人的生意場上，他們最爲看重誠信，對於不誠信的人，他們是無法原諒的。

猶太人把做生意是否誠實、遵守信譽放在第一條，把做生意的誠實擺在學習、工作、信仰和智慧之前，可見猶太先知對誠信經商的重視程度。最直接的事實就是如果一個人借了別人的錢，但他又不想歸還，而又沒有其他證據證明他是借過錢的，村裡的拉比就會告訴他：「你手摸《聖經》，對上帝起誓說：『我沒有借過這個人的錢。』」最後，99.9％的猶太人會感到很慚愧，承認自己的罪過。

誠信經商是猶太商法的靈魂，是商業活動的最高技巧。在現代商業世界，恪守信用已構成了許多企業的市場競爭手段。世界商業史上第一個提出「不滿意可以退貨」的就是猶太人。注重商業的誠信，視信譽爲經商的生命，這是猶太人走遍世界各地都受到歡迎、讓猶太人獲得巨大財富的生命之源。契約是交易雙方在交易過程中，爲了維護各自的利益而簽訂的、在一定時期內必須履行的一種責任書，現在稱爲合約，只要不違法，就能得到法律的保護。

極高的商業信譽，對猶太人事業發達所帶來的好處是顯而易見的，畢竟守信是最有遠見的「理性算計」。鑽石、服裝等高級奢侈品的世界市場，主要由猶太人壟斷，一方面由於鑽石等「厚利」，另一方面和猶太人極高的商業信譽是分不開的。正如一位猶太鑽石商所言：「要經營鑽石，至少要制定百年大計，一代人是完成不了的。而且，經營鑽石的人是受人尊敬的人，鑽石生意的基礎是取得人們的信賴。」

經典故事

猶太人的規則

美孚石油公司向餐具經銷商、猶太人喬費爾訂購了三萬套餐具，交貨日期爲一九四〇年九月一日，地點是芝加哥。喬費爾立即請製造商爲他趕製。

沒想到，麻煩出來了，製造商因爲有其他工作，不能按時交貨。

喬費爾非常生氣，但事已至此，他也沒有什麼其他辦法，只好催促他們快一些。

對於喬費爾的催促，製造商卻滿不在乎：「就算遲一些，又有什麼關係呢？值得你那麼生氣！」

他們不知道喬費爾是猶太人，信守信用。

等餐具生產出來後，距離交貨時間只有不到八小時，除非用飛機，其他交通工具都趕不上了。

喬費爾只好用飛機把這些餐具運到了芝加哥。高昂的運費讓他心疼不已。美孚公司的人知道後，只說了一句：「按期交貨，很好。」對高昂的運費隻字不提。

喬費爾的朋友大為驚訝：「你瘋了嗎？花六萬美金就為了三萬套刀叉？」

喬費爾嚴肅地回答道：「猶太人就是這樣。作為生意人，不管你有任何理由，你也必須按照合約按期交貨，哪怕是由於別人的原因給你造成損失，你也沒有理由不按期交貨。這就是我們猶太人的規則，必須這樣做啊！」

不過，自那以後，商界都知道了喬費爾這個注重信譽的猶太人，甚至其他各國的許多商人也找他做生意，大量訂單雪片般飛到他的辦公桌上，這也是喬費爾所沒有想到的。

如何培養孩子的誠信

《聖經·舊約》說：給予孩子的任何承諾必須遵守，否則就會變成教導孩子說謊。

研究表明，不誠實的孩子往往出自父母經常說謊的家庭。另外，管教不多或厭棄孩子的家庭出來的孩子，也容易變得不誠實。

家庭成員的誠信，是孩子誠信的基礎，做父母的不可不注意啊！

要培養有責任心、關心他人、以誠待人的孩子，下面兩點要做到：

1.從小要教育孩子誠實，並且始終如一地要求孩子。隨著孩子年齡的增長，對誠實的理解會有所變化，但父母的誠實標準不應該有任何改變。

2.從孩子小的時候，就要與孩子建立信任關係，透過玩信任遊戲，瞭解孩子隱私的變化，不失時機地向孩子灌輸誠信和道德倫理問題。

3 培養孩子的冒險精神

經典故事

摩根的勝利

一八七一年，普法戰爭以法國戰敗而告終，法國因此陷入一片混亂，既要賠德國五十億法郎的巨款，又要儘快恢復經濟。這一切都需要錢，法國現政府要維持下去，就必須發行二億五千萬法郎的國債。面對如此巨額的國債，再加上一個變數頗多的法國政治環境，兩國的銀行巨頭——法國的羅斯查爾德男爵和英國的哈利男爵，誰都不敢接下這筆巨債的發行任務，其他的小銀行就更不敢了。面對風險，誰也不敢鋌而走險。

這時，摩根的直覺敏銳地感到：當前的環境，政府不想垮台就必須發債，而這些債務將成爲投資銀行證券交易的重頭戲，誰掌握了它，誰就可以在未來稱雄。但是，誰又敢來冒這個險呢?摩根想到：能不能將華爾街各行其是的各大銀行聯合起來？把華爾街的所有大銀行聯合起來，形成一個規模宏大、資財雄厚的國債承購組織——「辛迪加」，這樣就把需由一個金融機構承擔的風險，分攤到眾多的金融組織頭上，無論在數額上，還是所承擔的風險上，都是可以被消化的。

摩根的這套想法，從根本上開始動搖和背離了華爾街的規則與傳統。不，應該是對當時倫敦金融中心和世界所有的交易所投資銀行的傳統的背離與動搖。當時流行的規則與傳統是：誰有機會，誰獨吞；自己吞不下去，也不讓別人染指。各金融機構之間，資訊阻隔、相互猜忌、互相敵視，即使迫於形勢聯合起來，為了自己最大獲利，這種聯合也像六月的天氣，說變就變。

各投資商都是見錢眼開的，為一己私利不擇手段，不顧信譽，爾虞我詐。鬧得整個金融界人人自危，提心吊膽，各國經濟烏煙瘴氣。當時人們稱這種經營叫「海盜經營」，而摩根的想法正是針對這一弊端。各個金融機構聯合起來，成為一個資訊相互溝通、相互協調的穩定整體。對內，經營利益均沾；對外，以強大的財力為後盾，建立可靠的信譽。摩根堅信自己的想法是對的。他憑藉過人的膽略和遠見卓識看到：一場暴風雨是不可避免的。

正如摩根所料想的那樣，他的想法尤如一顆重磅炸彈，在華爾街乃至世界金融界引起了軒然大波。人們說他「膽大包天」、「是金融界的瘋子」。但摩根不爲所動，他相信自己的判斷沒有錯，他在靜默中等待著機會的來臨。

後來的事實證明了摩根天才的洞察力，華爾街的「辛迪加」成立了，法國的國債也消化了。摩根改變了以前海盜式的經營模式，後來又積極向銀行托拉斯轉變。我們無意去評析托拉斯的壟斷模式，但華爾街無疑從投機者的樂園，變成了全美經濟的中樞神經，而摩根及其龐大的家族也成了全美最大的財團之一。

摩根的勝利，不僅是冒險的勝利，更是智慧的勝利。

摩根正是憑著這種善於把握變化趨勢，具有非凡洞察和遠見卓識的才能，成爲華爾街金融巨子。

猶太人的風險意識

在很多猶太人看來，「冒險」是一個褒義詞。他們認爲，每一次風險也都含著等量的成功的種子。風險越大，回報越高。猶太人是天生的冒險家，他們在危險中自由地暢行，獲得了巨大成功。他們認爲，冒險是上帝對勇士的最高嘉獎。不敢冒險的人，就沒有福氣接受上帝恩賜給人的財富。

❖ 《塔木德》智語

「風險往往和收穫成正比。」

「當機會來臨時，不敢冒險的人永遠是平庸之輩。」

猶太商人歷來背著一個投機家的名聲。在相當長的一段時間裡，「投機」這個詞是貶義詞。現在不同了，經濟學家們給「投機」換上了一個恰如其分的雅稱，名之為「風險管理」。這個名稱一改，猶太商人也由原來的「投機家」變成了「風險管理者」。

猶太大亨們個個都經歷過了各種各樣的風險，他們在風險的驚濤駭浪中自由地活動，「玩」了一場又一場風險的遊戲。商業從來不是平靜的港灣，那些不敢冒險、不善於冒險的人，即使上天給了他們成為富翁的機會，他們也不敢接受，這是因為他們缺乏商業的基本素質——冒險。

確實，猶太商人長期以來不僅是在做生意，而且也是在「管理風險」，就是他的生存本身，也需要有很強的「風險管理」意識。猶太商人不能乾坐著等「驅逐令」之類的厄運到來，也不能毫無準備地使自己措手不及。所以在每次「山雨欲來風滿樓」時，他們都能準確把握「山雨」的來勢和大小。這種事關生存的大技巧一旦形成，用到生意場上去就遊刃有餘了。有不少時候，猶太商人正是靠準確地把握這種「風險」之機而得以發跡。

要想做成任何一件事，都有成功和失敗兩種可能。當失敗的可能性大時，卻偏要去做，那自然就成了冒險。問題是許多事很難分清成敗可能性的大小，那麼這時候也是冒險。商戰的法則是冒險越大，賺錢越多。當機會來臨時，不敢冒險的人，永遠是平庸之人。而猶太商人則不然，他們大多具有樂觀的風險意識，並常能發大財。

一個人不可能一輩子一帆風順，相反的卻會遭遇不盡的不幸、挫折和失敗，所謂「人生不如意十有八九」。那麼，面對失敗，我們該怎麼辦？我們提倡去探索未知的領域，去挖掘自我潛能的極限，但是，如果冒險失敗，怎麼辦？

很簡單，從失敗中學習，再重新開始，失敗挫折並不可怕，可怕的是從此一蹶不振。只要乘機汲取教訓，總結經驗，我們終將達到成功的彼岸。當然，失敗的滋味是很不好受的，但痛苦之餘，不要忘了從正面透視失敗，徹底探索導致失敗的因果關係及其暗藏的意義，從失敗中學到的東西，是無可比擬的寶貴財富。不妨可以這樣說，只會一味品嘗失敗記憶的人，實際上尚未成熟，只有坦然面對失敗的人，才算是眞正成熟的人。

在這方面，大概沒有任何民族比得上猶太人。世界上大部分民族的節日，都含有慶祝的意味，而猶太人的節日，大多是爲了記取他們曾經遭受的苦難與失敗。他們在每一年的節日中回憶祖先的失敗，藉以警惕和自我激勵。

猶太人在兩千多年的流浪中，在受盡歧視與排擠的環境下成長起來，他們經歷了太多的苦難和失敗。但是，今天他們依然屹立於世界民族之林，並且成爲世界政治、經濟、思想、文化、藝術舞台上的佼佼者。他們依靠的就是其民族特有的民族智慧和民族性格，其中之一，就是其頑強堅韌、永不氣餒的奮鬥和進取精神。

經典故事

洛克菲勒的冒險

十九世紀八〇年代，在關於是否購買利馬油田的問題上，洛克菲勒和同事們發生了嚴重的分歧。利馬油田是當時新發現的油田，地處俄亥俄州西北與印第安那東部交界的地帶。那裡的原油有很高的含硫量，含有反應生成的硫化氫，所以人們都稱之「酸油」。沒有煉油公司願意買這種低質量原油，除了洛克菲勒。

洛克菲勒提出買下油田的建議時，幾乎遭到了公司執行委員會所有委員的反對，包括他的幾個得力助手。因為這種原油的質量太差了，價格也最低，雖然油量很大，但誰也不知道該用什麼方法進行提煉。但洛克菲勒堅信一定能找到除去高硫的辦法。在大家互不相讓的時候，洛克菲勒最後開始進行「威脅」，宣稱將個人冒險去「關心這一產品」，並不惜一切代價。

委員會在洛克菲勒的強硬態度下被迫讓步，最後標準石油公司以八百萬美元的低價買下了利馬油田，這是公司第一次購買產油的油田。此後，洛克菲勒花了二十萬美元聘請一名猶太化學家，讓他前往油田研究去硫問題。實驗進行了兩年，仍然沒有成功，此期間，許多委員對此事仍耿耿於懷，但在洛克菲勒的堅持下，這項希望渺茫的工程仍未被放棄。這真是一件天大的幸事，又過了幾年，猶太科學家終於成功了！

這次巨大成功，充分說明了洛克菲勒具有能夠穿透迷霧的遠見，也具有比一般大亨更強的冒險精神。

「冒險家」哈默

哈默的最大一次冒險和最大一次成功，都是在利比亞。在義大利占領期間，墨索里尼爲了尋找石油，在這裡大概花了一千萬美元，結果一無所獲。埃索石油公司在花費了幾百萬收效不大的費用之後，正準備撤退。殼牌石油公司大約花了五千萬美元，但打出來的井都沒有商業價值。

哈默的歐美石油公司到達利比亞的時候，正值利比亞政府準備進行第二輪出讓租借地的談判，出租的地區大部分都是原先一些大公司放棄了的利比亞租借地。根據利比亞法律，石油公司應儘快開發他們的租借地，如果開採不到石油，就必須把一部分租借地還給利比亞政府。第二輪談判中，就包括已經打出若干眼「乾井」的土地，但也有許多塊與產油區相鄰的沙漠地。

來自九個國家的四十多家公司參加了這次投標。

哈默雖然充滿信心，但前程未卜。儘管他和利比亞國王私人關係良好，但是，他與那些舉手就可以推倒山的石油巨頭們相比，競爭實力懸殊太大。但決定成敗的關鍵不僅僅取決於這些。

哈默的董事們都坐飛機趕了來，他們在四塊租借地投了標。他們的投標方式不同一般，投標書用羊皮證件的形式，捲成一卷後，用代表利比亞國旗顏色的紅、綠、黑三色緞帶札束。在投標書的正文中，哈默加了一條：他願意從尚未扣稅的毛利中，拿出5％供利比亞發展農業用。此外，哈默還允諾在國王和王后的誕生地庫夫拉附近的沙漠綠洲中尋找水源。另外，他還將進行一項可行性研究，一旦在利比亞找出水源，他們將與利比亞政府聯合興建一座製氨廠。

最後，哈默終於得到了兩塊租借地，使那些強大的對手大吃一驚——這兩塊租借地都是其他公司耗巨資後一無所獲而放棄的。

這兩塊租借地不久就產生了麻煩：他們鑽出的頭三口井都是滴油不見的乾孔，僅打井費就花了近三百萬美元，另外還有二百萬美元用於地震探測，和向利比亞政府的官員繳納的不可告人的賄賂金。於是，董事會裡有許多人開始把這項雄心勃勃的計畫叫做「哈默的蠢事」。

但是哈默仍然堅持己見。在和股東之間發生意見分歧的幾週裡，第一口油井出油了，此後另外八口井也出油了。這下公司的人可樂壞了，這塊油田的日產量是十萬桶，而且是異乎尋常的高質原油。更重要的是，油田位於蘇伊士運河以西，運輸非常方便。

與此同時，哈默在另一塊租借地上，採用了最先進的探測法，鑽出了一口日產七萬三千桶自動噴油的油井，這是利比亞最大的一口井。接著，哈默又投資一億五百萬美元，修建了一條輸油量達一百萬桶的輸油管道。當時西方石油公司的資產淨值只有四千八百萬美元，足見哈默的膽識與魄力。

之後，哈默又大膽呑併了好幾家大公司。等利比亞實行「國有化」的時候，他已羽翼豐滿了。這樣，歐美石油公司一躍而成為世界石油行業的第八名了。

哈默的一系列事業成功，完全歸功於他的膽識和魄力，他不愧為一個猶太大冒險家。

皮柏賭贏了

有一次，皮柏的母親從倫敦來紐約，皮柏就帶母親到處觀光。皮柏在鄧肯商行做了一段時間。在母親搭船去倫敦之際，他去古巴的哈瓦那採購了魚、蝦、貝類及砂糖等貨物。在返回的途中，他小試了自己的冒險精神。

當時，輪船停泊在紐奧爾良，他信步走過充滿巴黎浪漫氣息的法國街，來到了嘈雜的碼頭。碼頭上，晌午的太陽烤得正熱。遠處兩艘從密西西比河下來的輪船停泊著，黑人正在忙碌著上貨、卸貨。

一位陌生白人拍了拍他的肩膀，問道：「小伙子，想買咖啡嗎？」那人自我介紹說，他是往來於美國和巴西的貨船船長，受託到巴西的咖啡商那裡運來一船咖啡。沒想到美國的買主已經破產，只好自己推銷。如果誰給現金，他可以以半價出售。這位船長大約看皮柏穿著考究，像個有錢人，就拉他到酒館談生意。

皮柏考慮了一會兒，就打定主意買下這些咖啡。於是他帶著咖啡樣品，到紐奧爾良所有與鄧肯商行有聯繫的客戶那裡推銷。經驗豐富的職員要他謹慎行事，價錢雖然讓人心動，但艙內的咖啡是否與樣品一樣，誰也說不準，何況以前還發生過船員欺騙買主的事。但皮柏已下了決心，他以鄧肯商行的名義買下全船咖啡，並發電報給紐約的鄧肯商行，說已買到一船廉價咖啡。

然而，鄧肯商行回電嚴加指責，不許皮柏擅自用公司名義，讓他立即取消這筆交易！皮柏只好發電報給倫敦的父親求援。在父親的默許下，皮柏用父親在倫敦的戶頭，償還了原來挪用鄧肯商行的金額。他還在那名船長的介紹下，買了其他船上的咖啡。

皮柏賭贏了！就在他買下大批咖啡不久，巴西咖啡因受寒而減產，價格一下子猛漲了二倍至三倍。皮柏大賺了一筆，不但鄧肯對他讚不絕口，連他遠在倫敦的父親也連誇兒子說，有出息，有出息！

皮柏的全名是約翰．皮爾龐特．摩根，也就是後來的美國金融界巨子。

4 從底層小事做起

經典故事

猶太人的發跡

從一八三〇年到一八六〇年，十四萬四千德國猶太人進入美國尋求發展機會。當時，他們大多窮困潦倒、一貧如洗。據調查，在一八九九年到達美國的移民，平均每人攜帶二十二·七八美元，而猶太人只有平均二十·四三美元，低於平均值；一九〇〇年到達的移民平均帶十五美元，其中猶太人只有九美元，差距更大。剛剛到達美國的猶太人，給人的第一印象就是貧窮。

年紀輕的猶太人的唯一方法是投資十美元，成為流動的街頭小販，沿街兜售日用物品。他們用五美元辦執照，一美元買籃子，四美元購貨，有的把辦執照的五美元都省了。這種銷售方法，給正在不斷擴張的美國提供了迫切需要的生活用品。而相對富有的德國猶太人用馬車拉著貨物銷售，成為流動售貨亭。

猶太人迅速在美國經濟中爭得了一席之地。他們從肩背手提開始，走家串戶做小生意，存足錢就開一個小店，賺了錢再開第二家，錢賺多了就開百貨公司。等到了一定規模的程度，資金充裕，就向其他商業領域發展，比如肉食品包裝、服裝製作和投資銀行。

最後，很多行業都被猶太人占據主導地位，紐約的製衣、首飾加工、出版、百貨零售和金融業就是如此。

一些赫赫有名的大家族，如戈德曼、萊曼、洛布、薩斯和庫恩家族等，都是從沿街叫賣的小本經營發跡起來的。這種發家致富途徑和方式，對猶太人來說其實是輕車熟路，因為他們的祖輩很多都是這樣致富的。

❖《塔木德》智語

「別想一下就造出大海，必須先由小河川開始。」

白手起家

猶太巨賈大多是白手起家，職業之初一般多從事最底層的工作。這些在其他移民來說是最下等的工作，沒有人願意做——他們既要躲避執法者的追趕，又要「享受」路人的白眼，賺錢也不是很多，確實「令人不齒」。

猶太人的另一大特性，是能將平凡的工作做得出色。洛克菲勒十六歲開始，為一個小商人做會計助理，因為工作有條不紊、精細認真而深受老闆賞識；哈同在上海的沙遜洋行當門衛，表現突出，一年後升任地產科領班；鑽石大王彼德森十六歲到一家珠寶店當學徒，敲敲打打一絲不苟，僅五個月手藝就得到師傅的認可；股票超人約瑟夫．賀希哈，從十四歲到十七歲伏案畫股票行情圖，一畫即三年。類似的事例太多。

他們還有一個特性，是工作之餘看書學習。有個說法，人與人之間的差距，主要在業餘時間。他們就是利用業餘時間，使自己成為他們所追求的某一方面的專家。

猶太巨賈如此，小商人也一樣；白手起家時如此，功成名就後也一樣，這是他們共同的民族特質之一。美聯儲主席葛林斯潘身居高位多年，仍對經濟理論和經濟運行的細節瞭若指掌，尤其對統計資料非常在行。身居高位，猶能如此踏實，當屬罕見。

《塔木德》上告誡：「別想一下就造出大海，必須先由小河川開始。」反觀某些人，不屑於做細事，只想做大事，結果不僅缺乏根基，而且信心屢屢受挫。

5 惜時如金，抓住機遇

經典故事

巴納特的「時間差」

南非的鑽石商人發現，在「現金至上」的猶太商人中，巴納特是唯一一個付支票的人。他們非常奇怪，巴納特平常跟他們交易不多，大多是星期六與他們做生意，而且他們永遠是星期六下午才會收到支票。

後來他們發現其中的奧秘：原來當地銀行星期六較早停止營業，巴納特下午交給鑽石商的支票無法當日承付。巴納特可以盡情地用支票購買鑽石，然後在星期一銀行開門營業前將鑽石售出，以所得款項去付貨款。

巴納特利用銀行停止營業的一天多時間，可以「暫緩付款」，而不會讓自己的支票變成「空頭支票」。只要他在每個星期一早上前，給自己的帳號存入足夠兌付他上星期六所開出的支票的現金即可。這樣他就「有」了做生意需要的金錢。

巴納特這種拖延付款戰術，純粹是利用了市場運行的時間表，在沒有侵犯對方合法利益的情況下，調動了遠比自己實際擁有多的資金。

巴納特用的「時間差」，前提是不能浪費時間。巴納特對時間的精心利用如此別出心裁，甚至讓他的猶太同胞也「歎爲觀止」。

第一條牛仔褲的誕生

在十九世紀五〇年代，加利福尼亞一帶曾出現過一次淘金熱。年輕的猶太人李維．斯特勞斯聽說這件事趕去的時候，爲時已晚，沙裡淘金已到了尾聲。

斯特勞斯隨身帶了一大卷斜紋布，本想賣給製作帳篷的商人，賺點錢作爲立足的資本，誰知到了那裡才發現，人們不需要帳篷，卻需要結實耐穿的褲子。因爲人們整天同泥和水打交道，褲子壞得特別快。於是，世界上第一條牛仔褲誕生了。

後來，李維．斯特勞斯又在褲子的口袋旁裝上銅鈕扣，以增強褲子口袋的強度。此後，斯特勞斯開始大批量生產這種新穎的褲子，銷路極好，引得其他服裝商競相模仿，但是李維．斯特勞斯的企業一直獨占鰲頭，每年大約能售出一百萬條這樣的褲子，營業額達五千萬美元。

❖《塔木德》智語

「我見日光之下，快跑的未必能贏，力戰的未必得勝，智慧的未必得糧食，明哲的未必得資財，靈巧的未必得喜悅，所臨到眾人的，是在乎當時的機會。」

「愛惜時間吧，時間還可以使金錢『無中生有』。」

抓住機遇和時間

看來，生意場上的確有運氣存在，李維·斯特勞斯用斜紋布做褲子的時候，不可能會想到這種用斜紋布做成的褲子，會被人叫做「牛仔褲」，也不會想到這種牛仔褲會促成服裝的一次革命，更不會想到牛仔褲在二十世紀六〇年代大行其道，成爲最能體現那個反叛時代精神潮流的服裝。

有不少成功的商人，在別人問到他有什麼成功的秘訣時，會說這麼一句話：我運氣好。生意場上果眞有運氣嗎？如果有的話，這運氣是從哪裡來的呢？是命中注定的，還是偶然碰上的？

有人抓住了機會，所以在很短的時間裡，就可以不費力氣地獲得成功，而失去了機會就會讓自己費力。

機遇往往在瞬間就決定了人生和事業的命運，抓住了機遇，就徹底地改變了自己的命運前途。機遇，是瞬間的命運。

猶太拉比告誡人們：「抓住好東西，無論它多麼微不足道；伸手把它抓住，不要讓它溜掉。」

機會意味著在任何時候都是主動出擊，不讓自己陷入被動的局面。他們的投機屢屢成功，這要歸之於他們高度靈敏的嗅覺。

爲了抓住機會，猶太人喜歡緊迫地工作，一分鐘都不可以放棄，因爲要經商就要有時間，必須有大量的時間可以讓你支配，否則是不會輕易地成功的，成功是經過大量艱苦的勞動得到的。他們善於利用和把握時間。

你要等待救世主的到來嗎？那你把每一天都當做最後一天吧。猶太人就是這樣緊迫地看待時間的，時間就是金錢，是絕對不可以隨便浪費的，猶太人說：「不要盜竊時間。」

一個商人要賺錢，首先就要考慮好如何合理地安排時間，有的人認爲時間很多，有的人認爲時間很少，其實時間都是一樣的，對每一個人來說都是平等的。一樣長的時間，就看你怎麼用了。時間就像海綿裡的水，只要善於擠，就總會找出來。不善於擠，當然就沒有了！商人的時間更是如此，要想賺錢，首先就得有賺錢的時間。有空閒才可以，只有這樣，才能集中精力經商。會賺錢的商人，就應該是一個管理時間的高手。

時間，是世界上最寶貴的東西，她不像金錢和寶物，丟失了可以再找到或者賺回來。時間只要被浪費掉了，就永遠不會回來，再也不屬於你了。

人最不該浪費的東西就是時間，因為人都只能經歷一次時間，而他人的時間，更不可以隨便地占用和浪費。對人而言，時間就是命運；對於商人而言，時間就是金錢；要經商，首先就要保證自己擁有充足的時間。

在猶太人看來，時間和商品一樣，是賺錢的資本，可以產生利潤，因此盜竊了時間，就等於盜竊了商品，也就是盜竊了金錢。

經典故事

尋找屬於自己的機會

一八九九年七月二日，美國聯邦政府海軍與西班牙艦隊在聖地牙哥進行了激烈的海戰。

第二天——七月三日——是伯納德．巴魯克二十八歲生日。晚上，巴魯克在家裡忽然聽到廣播裡傳來消息說，聯邦海軍將西班牙艦隊殲滅，這意味著很久以前爆發的美西戰爭即將告一段落。

那天正好是星期天，第二天即七月四日是星期一。一般而言，證券交易所在星期一不營業，但私下交易則依舊工作。巴魯克馬上意識到，如果他能在黎明前趕到自己的辦公室大把吃進股票，那麼就能大賺一筆。

在十九世紀末，唯一能跑長途的只有火車，但火車晚上不運行。在這種讓人乾著急的情況之下，巴魯克在火車站個人承包了一列專車，火速趕到自己的辦公室，做成了幾筆令人羨慕的生意。

巴魯克後來成爲著名的美國猶太實業家、政治家和哲人，二十多歲就已經成爲盡人皆知的百萬富翁。在政壇上鵬程萬里、呼風喚雨，贏得事業、權力的雙豐收。

一九一六年，巴魯克被總統威爾遜任命爲「國防委員會」顧問，和「原材料、礦物和金屬管理委員會」主席。事隔不久，又被政府任命爲「軍火工業委員會」主席。一九四六年，巴魯克的政績又躍上一個新台階，他有幸成爲美國駐聯合國原子能委員會的代表。

巴魯克在七十多歲的高齡時雄風不減。當年，他曾提出過建立一個以控制原子能的使用，和檢查所有原子能設施的國際權威的著名計畫——「巴魯克計畫」。

和別的猶太商人一樣，巴魯克在創業伊始時也歷盡千辛萬苦，正是因爲他擁有一雙善於發現事物之間聯繫的眼睛，在常人看來是風馬牛不相及的事情，巴魯克卻發現它們之間存在的聯繫，從這種聯繫中找到屬於自己的生意機會，並一夜暴富。

培養孩子的時間意識

★培養孩子良好的時間觀念

父母可以聯繫生活、學習實際，跟孩子討論珍惜時間的好處和不珍惜時間的害處，使孩子認識到「時間就是生命，時間就是財富」的基本道理。在充滿競爭的現代社會中，磨磨蹭蹭、不講效率的人就會被淘汰、就會生活艱難。要讓孩子懂得「少時不努力，老大徒傷悲」的道理。

★讓孩子集中精力做好一件事

做事拖拉是很多孩子的缺點之一，其根本原因是孩子不能一次完成一件，把不需要長時間做完的作業無限期拖下去。加強專時專用、提高效率的訓練，可以增強孩子時間觀念。幫助孩子確定每次學習的時間、任務、目標要求，到時完成，評價結果。每次學習，都把三者結合起來。要根據孩子的年齡特點和個性特點，三者的要求有所區別。要讓孩子嘗到提高效率、增加玩樂時間的甜頭。

★對孩子的每一項活動進行計時

培養孩子的時間意識，要從孩子的點滴做起，不只在學習中表現出來，也反映在生活的各個方面，如穿衣、吃飯、收拾書包文具、洗衣物等。因此，克服磨蹭的毛病，需從不同角度入手。從孩子實際表現出發，增加計時性活動是可行的方法。做某件事情，需要多長時間，事先設定，然後以最快速度保質保量地進行。事後家長與孩子一起評價，調整要求，下一次做得更好。對低齡的孩子，如果家長跟孩子一起進行計時閱讀、計時記憶、計時答題、計時勞動的小競賽，會有更好的效果。

★發揮孩子之間的影響作用

讓自己孩子跟講效率的孩子一起學習、遊戲，發揮孩子之間的影響作用。可以事先與講效率孩子的家長聯繫，請家長給孩子提出更高的要求，在學習和遊戲的過程中帶動時間意識差的孩子。

★教孩子巧妙地利用時間

比如，洗衣服、打掃房間衛生的同時，可以聽外語或音樂；一邊看電視，一邊做健身運動；幫父母做家務時，與父母聊天；去公園時，邊跑邊聊天。

只要開動腦筋，日常生活中會有許多方法節約時間。

6 首先給予他人利益

經典故事

木柴交易

古時候，耶路撒冷的一個猶太人外出旅行，途中病倒在旅館裡。當他知道自己的病已經沒有希望時，便將後事託付給了旅館主人，並請求他：「我快要死了，如果有知道我死而從耶路撒冷趕來的人，就請把我的這些東西轉交給他。但是，不要告訴他我在哪家旅館。」

說完，這個人就死了，旅館主人按照猶太人的禮儀埋葬了他，同時向鎮上的人發表這個旅人的死訊和遺言，讓大家遵守這個猶太人的遺言，即不要將他住的旅館告訴給來找他的人。

他的兒子在耶路撒冷聽到父親的死訊後，立刻趕到父親死亡的那個城鎮。他不知道父親死在哪一家旅館裡，也沒有人願意告訴他，所以，他只好自己尋找。

這時，剛好有個賣柴人挑著一擔木柴經過，兒子便叫住賣柴人。買下木柴後，吩咐賣柴人直接送到有個耶路撒冷來的旅人死在那裡的旅館去。

然後，他便尾隨著賣柴人，來到了那家旅館。

旅館主人對賣柴人說：「我沒有買你的木柴啊？」

賣柴人回答說：「不，我身後的那個人買下了這木柴，他要我送到這裡來。」

透過一筆木柴交易，猶太人的兒子把回答這個問題作爲成交的條件，讓賣柴人爲了自己的利益，幫助他解決了難題。

瞎子打燈籠

《塔木德》裡有這樣一個故事：

有位男人黑夜外出，在伸手不見五指的夜路上，看到對面來了一個打燈籠的人。走近一看，那人卻是一個瞎子。

這個人就問這位盲人：「你看不見東西卻提著燈，爲什麼還要多此一舉呢？」

盲人說：「我提燈而行，是要你們看見我。」

猶太人實在是太聰明了，一個人獨自走在一條路上的機會實在是太少了。因爲對於瞎子來說，在漆黑的夜晚行走，和白天走路是一樣的。自己摔倒的可能性，遠小於被別人撞倒的可能性。

平時靠眼睛走路的人，一旦走在漆黑的路上，很容易看不清路而將別人撞倒。爲此，瞎子亮起了燈籠，以便讓每個相遇者都能看清自己，並避免讓對方撞倒自己。

這種轉換思路的智慧，是猶太人從兩千多年的流散經歷中提煉出來的。猶太人作爲一個弱小的民族，爲了能夠保護自己，只有靠「瞎子打燈籠」這種辦法，讓統治者看到自己對他們的價值，從而「利用」自己求得生存，看似多此一舉，實際上蘊涵著很大的智慧，最終找到了自己的家園，足以證明「瞎子打燈籠」所體現出來的睿智。

❖《塔木德》智語

「暫時地放棄一些利益，是爲了得到更多的利益。」

給人方便就是給自己方便

從根本上來說，人與人的關係是一種利益關係。尤其在非親非故的關係中，其他的考慮——包括道德考慮——也是需要的，但眞能擊中要害、調動對方的，唯有利益。

只有他人的利益與你的利益緊緊地綁在一起的時候，他人才可以像爲他自己謀利或避害一樣，爲你著想，因爲這一著想以及由此而產生的努力，可以同時帶來其自身利害的相應變動。

所以，與人相處或調動對方時，最好的辦法就是首先滿足對方的利益，「讓他人爲自己的利益著想」。

猶太人尊奉一種「使彼幫己」的人際哲學，其主要的目的，還在於讓對方爲自己的利益著想，這種精明的處世方式，能最有力地調動對方。

洛克菲勒最終壟斷美國的煉油業，主要原因是他爲鐵路公司著想，用「滿足對方需要」這一絕招壟斷了鐵路運輸。

洛克菲勒在和同行業的競爭中身爲弱者，他如果和對手面對面競爭，不一定能夠獲勝，但他最終巧妙地借助第三者——鐵路霸主的力量，以低廉的運輸價格擠垮了同行，實現了其小魚吃大魚的願望。

讓利益出面，比空口說教有力量得多。在猶太的商業文化中，猶太人也同樣將這種「瞎子點燈」及讓對方為自己著想的哲學，運用到了爐火純青的地步，予人方便就是予自己方便。

經典故事

洛克菲勒的「死亡協定」

洛克菲勒經過幾年奮鬥，公司業務蒸蒸日上。但由於是白手起家，財力畢竟有限，在和一些對手競爭時處於劣勢，這樣他夢想壟斷煉油和銷售的計畫，只能暫時擱置在一邊。

運輸是一道最重要的工序。賓夕法尼亞鐵路擁有在油田和東部港口之間行駛的火車，迫使洛克菲勒在把他的煤油和其他產品運到東部市場去時，必須按其所索取的高價支付運費，以及種種他認為不合理的條件。

洛克菲勒預計到自己的公司會有很大發展，如果不處理好運輸問題，未來一定會制約到公司的發展；而且如果自己與鐵路公司達成聯盟，還可以制約其他競爭對手的發展。

經過調查和愼重的分析，洛克菲勒認爲：「原料產地的石油公司，在需要用鐵路的時候就用，不需要的時候就置之不理，十分反覆無常，使得鐵路經常無生意可做，鐵路的運費收入也就非常不穩定。這樣，一旦我們與鐵路公司訂下一個保證日運油量的合約，對鐵路方面必是如荒漠遇甘泉般的及時，那時鐵路公司在給我們運輸時，必定會大打折扣。這打折扣的秘密，只有我們和鐵路公司知道，這樣的話，別的公司在這場運價競爭中必敗無疑，那麼壟斷石油產業就指日可待。」

之後，洛克菲勒在兩大鐵路巨頭——顧爾德和凡德畢爾特——之間經過權衡，選擇了貪得無厭的鐵路霸主凡德畢爾特，作爲談判對象。

鐵路公司開始對洛克菲勒提出的單價非常不滿意，但他的總價和其他條件又非常好，如果按照他的條件，鐵路公司的收入非常優厚，又穩定，所以他們也就只好簽約，最後雙方終於達成協定：洛克菲勒每天保證運輸六十車的石油，但鐵路公司必須給予20％的折扣。

這樣不僅挫敗了鐵路的壟斷權，而且大大減少了石油的成本。低廉的價格爲洛克菲勒贏得了廣闊的市場，大大增加了競爭實力，使洛克菲勒又向控制世界石油市場的宏偉目標邁進了一步。

於是，洛克菲勒進軍俄亥俄、紐澤西、墨西哥灣，……向中東、向全世界的油田進軍。此外，他還透過購買和創辦銷售公司，逐步形成了一個無與倫比的石油銷售網。

隨著公司的急速壯大，洛克菲勒又以其大量、穩定的貨源相誘惑，與有關鐵路公司組成了鐵路大聯盟——被稱爲「美國工業史上最殘酷的死亡協定」。根據這一協定，參加此聯盟的煉油企業都可獲得價格折扣，而未參加聯盟的中小型煉油企業，必須付出相當於聯盟企業兩倍價格的運費。面對洛克菲勒的「死亡協定」，那些被排除在外的煉油公司，在紐約組成了另一個聯盟與之抗衡。然而，在洛克菲勒強大的打擊下，那些與之對抗的煉油企業，紛紛投入洛克菲勒的懷抱，無數石油開採企業也一個個落入洛克菲勒的手中。爲了掌握運輸主動權，洛克菲勒還自己建造輸油管。

先給對方利益

洛克菲勒奪取美國石油核心地帶——賓夕法尼亞產油區，他用的還是「先給對方利益」的方法。

當時賓夕法尼亞的石油嚴重過剩，油價暴跌，只有二美元多一些。洛克菲勒進軍賓夕法尼亞，做出的第一個決定是：以四．七五美元的高價大量購買原油，這令所有人都瞠目結舌。

許多石油商聞訊前來，將石油開採推向高潮，原油業主不假思索，爭相與美孚石油公司簽訂合約，肆無忌憚地開採油井——誰也沒有考慮到，合約中是否保證長期四．七五元的收購價。

美孚公司在瘋狂採購二十萬桶原油後，突然宣布中止合約。這個決定如當頭一棒，打得原油主們不辨東西。但美孚公司說，石油市場供過於求，公司無法繼續高價收購，今後只能以每桶二美元的價格買進原油等。

原油主們這才清醒，明白中了洛克菲勒的圈套。然而停止採油爲時太晚，採油設備已花掉了他們的巨額貸款，繼續開採會大幅虧損，最後不得不被洛克菲勒吞併。

7 厚利才能賺大錢

經典故事

亞倫放債賺錢

亞倫是移居英國的猶太人。他一開始在工廠做工，由於非常節約，所以不長時間就積蓄了一點小錢，於是，亞倫開始做點小生意。隨著生意的擴大，亞倫需要資金周轉，不得不向錢莊和銀行借錢。

亞倫在日常經營中發現，向別人借錢的代價實在不高明，自己辛辛苦苦賺來的錢，差不多全部付了高利貸的利息，而且風險也特別大。他想，與其這樣給「銀行打工」，倒不如自己想辦法放債。

幾年後，亞倫開始了放債業務。他一邊維持小生意經營，一邊抽出部分資金貸給急需用錢的人。另外，他還從銀行貸來利率相對較低的錢，以較高的利率轉貸給別人，從中賺取差價。

某些等錢應急的商人或個人，寧願以月息高達20％借貸，這樣，放貸一年，可以獲得240％的利潤率，這比經商或自己開工廠更賺錢。

亞倫就是沿著這條路子，迅速走上發跡之路。當他六十三歲逝世時，他已成爲英國首屈一指的富翁。

讓錢生錢

在十九世紀中期，當約翰．洛克菲勒還是一個十幾歲的孩子時，他曾經借給一位農民五十美元。

一年以後，那位農民還給洛克菲勒五十美元和三．五美元的利息。洛克菲勒將這筆錢和他爲另一位農民鋤了整整一星期的馬鈴薯得到的一．一二美元比較了一下，決定以後做一名投資人而非農民。

「從那時起，我就決定要讓錢替我工作賺錢，即讓錢生錢。」洛克菲勒在自傳裡這樣寫道。

❖《塔木德》智語

「薄利多銷就是往自己的脖子上套枷鎖，厚利經銷才能永盛不衰。」

「絕不要廉價出售我們的商品。」

猶太人的商業法則：厚利才能賺錢

「薄利多銷」是很多國家商界牢不可破的商業法則。但是猶太人卻相反，他們的口號是「厚利才能賺錢」，結果，他們比其他民族和國家的人賺取了更多的財富。

在猶太人的公司裡，老闆經常遞給自己的員工厚厚的一堆資料，對他說：「請用我們的資料去說服消費者吧，我們的商品是最好的，你一定會成功的。」

假如你看看他們資料下方的價格，你會大吃一驚：「這麼貴，誰買？」

但是，猶太老闆會很有信心地對你說出很多道理，說明高價出售是何等的正確，並且給你舉出無數的例子讓你相信。

於是，各種各樣的印刷精美的統計資料、小手冊、卡片，就飛到各地的經營者的辦公室裡，他們幾乎每天都可以收到猶太人寄來的各種資料。

猶太人認為：「壓低價格，說明你對自己的商品沒有信心。」

爲什麼當其他的商家表示「要把降價進行到底」的時候，猶太人卻要反其道而行之呢？他們說，同行之間展開薄利戰爭，總是把自己的價格定得比別的同行低一些，這樣大家互相壓低價格，那麼商品的利潤在哪裡呢？薄利雖然多銷了一些，但是市場的容量就是那麼一點，大量廉價商品進入市場，最後市場也飽和了，無法容納更多的商品，那以後生產出來的商品怎麼辦呢？而且微薄的利潤，廠商怎麼能夠維持長久的經營呢？薄利競爭的結果就是，廠家可能大批地倒閉掉，並且，大家的生存空間越來越艱難。

對於這樣的行銷策略，猶太人認爲是下等的策略。因爲薄利以後的效果，就是賣三件商品所得的利潤，只是一件商品的利潤，這樣不是事倍功半嗎？上策是經營出售一件商品，應得一件商品的利潤，甚至是兩、三件的利潤，這樣可以節省出各種經營費用，還可以保持市場的穩定性，並很快可以按高價賣出另外兩件商品。

因此，猶太人堅決不做「薄利多銷」的買賣，他們做的是「厚利適銷」的生意。

經典故事

洛克菲勒的「石油聯合國」

十九世紀七〇年代，美國經濟發展處於低潮，然而就在經濟不景氣的年代中，洛克菲勒完成了壟斷美國石油市場的霸業。

後來，洛克菲勒成立了美國歷史上第一個托拉斯組織——美孚石油公司，作爲控制全國各地美孚系統企業的中心。到二十世紀初，逐步建立起一個全世界無與倫比的美孚銷售網，進而形成了世人所稱的「石油聯合國」。

當時，歐洲及東方市場上出現了新對手，由荷蘭皇家殼牌石油、諾貝爾石油等共同結成了歐洲石油聯盟——德國銀行財團。洛克菲勒用超低價在歐洲市場銷售石油，將歐洲石油聯盟打得無力招架、潰不成軍。後經過德國銀行的周旋，洛克菲勒才答應達成瓜分歐洲石油市場銷售量協議，美孚石油占了75％。

美孚公司以洛克菲勒財團的強大金融機構作爲後盾，在國內外大搞兼併和擴張，實力迅速膨脹。

猶太人的生意經：讓富人引導消費

在行業的選擇上，猶太人也頗爲精明：選擇那些昂貴的消費品來經營。因此，世界上經營珠寶、鑽石等行業中，猶太人居多。看看猶太人發展的領域吧：金融證券、信貸投資、媒體報紙……，無一不是厚利乃至暴利的行業。

十九世紀，猶太人有三家最出色的銀行，萊曼公司是其中之一，許多人相信它是利潤最高的銀行，他們的利潤高達40％，甚至100％。

萊曼家族的先人所信奉的基本原則是：「一便士買進，從中賺上一分利」，這也是猶太商業的箴言。

現在隨著人們生活質量的改善，消費層次的提升，人們的消費觀念也已經改變，昔日一味強調價格低廉，不過是人們生活水準低下的反映，「好貨不便宜，便宜沒好貨」，已經成爲主流的意識。一味地低價，你的商品就是「地攤貨」，難上檔次，與名品、精品無緣，大家對你的商品的印象一經定型，以後再想改變就是極爲困難的了。

猶太商人的高價厚利策略，表面上是從富有者著眼，事實上是一種巧妙的生意經——讓富人引導消費。

講究身分、崇尚富有的人比比皆是，在富有階層流行的東西，很快就會在中下層社會流行起來。據猶太人統計分析，在富有階層流行的商品，一般在兩年左右時間，就會在中下層社會流行開來。道理很簡單，介於富有階層與下層社會之間的中等收入人士，他們總想進入富有階層，由於心理的驅使，爲了滿足心理的需求或出於面子的原因，總要向富有者看齊，因此，他們也購買時髦的高貴新品。

但是，下層社會的人士，往往力不從心，價格昂貴的產品消費不起，但崇尚富有的心理作用，總會驅使一些愛慕富貴的人行動，他們會不惜代價而購買。這樣的連鎖反應，會使昂貴的商品也成爲社會流行品。如金銀珠寶首飾，現在不是已成爲各階層婦女的寵物嗎？彩電、音響等原來被認爲是昂貴的商品，現在也進入了平民百姓家庭；小轎車也成爲了大眾的必需品。可見，猶太商人的「厚利適銷」策略是「醉翁之意不在酒」，它是盯著全社會大市場的。

8 抓住資訊裡的錢

經典故事

尼桑的情報網

一八一五年六月二十日一大早，倫敦證券交易所便充滿了緊張氣氛。因爲昨天，英國和法國進行了決定兩國命運的戰役——滑鐵盧之戰。毫無疑問，如果英國獲勝，英國政府的公債將會暴漲；反之如果法軍獲勝，英國的公債必是一落千丈。此時，每一位投資者都明白，只要能比別人早知道哪方獲勝，哪怕半小時、十分鐘，甚至幾分鐘，也可以大撈一把。

戰事遠在比利時首都布魯塞爾，當時還沒有無線電，沒有鐵路，主要靠快馬傳遞資訊。對方的主帥是赫赫有名的拿破崙，前幾次的幾場戰鬥，英國均吃了敗仗，英國獲勝的希望不大。

大家都在看著尼桑的一舉一動，他還是習慣地靠著廳裡的一根柱子上——大家已經把這根柱子叫做「羅斯查爾德之柱」了。

這時，尼桑面無表情地靠在「羅斯查爾德之柱」上，開始賣出英國公債了。

「尼桑賣了！」

這條消息馬上傳遍了交易所，所有的人毫不猶豫地跟進，瞬間英國公債暴跌。尼桑繼續公開拋出，其實，他暗中卻派人大量買進。

公債的價格跌得不能再跌了，尼桑突然又開始公開買進。

「這是怎麼回事，尼桑玩的什麼花樣？」大家紛紛交頭接耳。

此時，官方宣布了英軍大勝的捷報，交易所又是一陣大亂，公債價格又暴漲，而此時的尼桑已經悠然自得地靠在柱子上，欣賞這亂哄哄的場景了。

尼桑狠狠地發了一筆大財！

尼桑怎麼敢這麼大膽買賣？萬一英軍戰敗，他不是要大大地損失了嗎？

可是，誰也不知道，尼桑擁有自己的情報網！

原來，猶太巨富羅斯查爾德共有五個兒子，他們遍布西歐的各主要國。他們非常重視訊息，認爲資訊和情報就是家族繁榮的命脈，所以他們別出心裁地建立了橫跨整個歐洲的專用情報網，並不惜花大錢購置當時最快最新的設備，從有關商務資訊到社會熱門話題，無一遺漏，而且情報的準確性和傳遞速度，都超過英國政府的驛站和情報網。因此，人們稱他是「無所不知的羅斯查爾德」。正是因爲有了這一高效率的情報通訊網，才使尼桑比英國政府搶先一步獲得滑鐵盧的戰況。

羅斯查爾德的第三子尼桑，因爲重視資訊，竟然在僅僅在幾小時之內，賺了幾百萬英鎊。這個搶先一步發大財的故事，足以說明情報和資訊對於生意人的重要性。

❖《塔木德》智語

「即使是風，也要嗅一嗅它的味道，你就可以知道它的來歷。」

資訊就是財富

注重資訊、研究資訊，是猶太人取得成功的手段之一。他們總是憑藉資訊，快速地出擊，在別人還在懵懵懂懂的時候，他們就已經大賺特賺了；等別人清醒的時候，他們已經收場；輪到別人進來的時候，就只好替猶太人打掃戰場了。

在這個時代，關注資訊就是關注金錢，重視資訊可以獲得成功。資訊是這個時代的決定性力量，及時擁有資訊的人，就等於擁有了財富。資訊是財富的領路人。

這是一個資訊的時代，一切東西都可以用資訊來代替和表示，資訊是這個時代的最大財富，擁有了資訊，就等於擁有了財富。

猶太人似乎很早就懂得了這個關係，他們知道資訊的重要性。並很早就開始利用資訊賺錢了。

在猶太人的語言——希伯來語中，資訊的意思往往和「經營活動」是一個意思。也許是受到了這一意思的啟示，猶太大亨們將資訊看得無比重要。

經典故事

一條資訊賺大錢

一八七五年初春的一個上午，亞默爾肉類加工公司的老闆菲普力・亞默爾，仍然和平時一樣細心地翻閱報紙，一條不顯眼的不過百字的消息，把他的眼睛牢牢吸引住了：「墨西哥被懷疑有瘟疫。」

亞默爾頓時眼睛一亮：如果墨西哥發生了瘟疫，就會很快傳到加州、德州，而加州和德州的畜牧業是北美肉類主要的供應基地。一旦這裡發生瘟疫，全國的肉類供應就會立即緊張起來，肉價肯定也會飛漲。

亞默爾立即決定派人馬上到墨西哥去實地調查。幾天後，調查人員回電報，證實了這一消息的準確性。

亞默爾放下電報，立即集中大量資金，收購加州和德州的肉牛和生豬，運到離加州和德州較遠的東部飼養著。

兩、三個星期後，瘟疫就從墨西哥傳染到聯邦西部的幾個州。聯邦政府立即下令嚴禁從這幾個州外運食品，北美市場一下子肉類奇缺、價格暴漲。

亞默爾及時把囤積在東部的肉牛和生豬高價出售。短短的三個月時間，他淨賺了九百萬美元（相當於現在一億三千萬美元）——一條資訊讓他賺取了巨大利潤。

亞默爾的成功不是偶然的，這是他長期看報紙、累積資訊的結果。他習慣於天天看報紙，雖然生意繁忙，但他每天早上到了辦公室，就會看秘書給他送來的當天各種報刊。

亞默爾手下有幾位專門爲他負責資訊收集的人員，他們的文化水準都比較高，長於經營，富有管理經驗。他們每天把全美、英國、日本等世界幾十份主要報紙收集起來，閱讀完畢後，再將每份報紙的重要資料一一分類，並且對這些資訊做出評價，最後才由秘書送到辦公室來。

如果亞默爾覺得某條資訊有價值，就和他們共同研究這些資訊。這樣，在生意經營中由於資訊準確，亞默爾屢屢成功。

9 抓住富人賺大錢

經典故事

「78：22」法則

二十世紀六〇年代末的冬天，日本商人藤田在以色列考察了很長時間，回到日本國內尋找鑽石市場。他來到東京最大的八百件百貨公司，要求租一席之地推銷他的鑽石。但是該公司根本不理藤田那套，「這簡直是亂來，現在正值年末，即使是大富豪，也不會來的，我們不冒這種不必要的風險」，八百件百貨公司斷然拒絕了他的請求。

但藤田並不氣餒，他堅持以「78：22」這條萬無一失的法則來說服公司，最後取得該公司郊區分店的一角。此郊區店遠離鬧市，顧客很少，生意條件不利，但藤田對此並不是過分憂慮。鑽石畢竟是高級的奢侈品，是少數有錢人的消費品，生意的著眼點首先得抓住「22%」的有錢人，不能讓他們漏網，以賺取擁有「78%」錢的人。當時該分店經理曾不滿地說：「鑽石生意一天能賣五百萬日元算不錯了，也不知道公司的人怎麼想的。」藤田立即反駁：「不，我可賣到了二億元給你們看。」藤田胸有成竹地說出這句話來。

事實上，「78：22」法則的魔力很快就顯示出來了。首先，在地勢不利的郊區分店，最好的一天達到了六千萬營業額，大大突破一般人認爲的五百萬。當時正值年關賤價大拍賣，吸引了大量顧客，藤田就利用這個機會，和紐約的珠寶店聯絡，空運寄來的各式大小鑽石，幾乎都搶購一空。

接著，藤田又在東京郊區及四周分別設立推銷點推銷鑽石，生意極佳。任何商店每天都沒有低過六千萬元。

這樣到了一九七一年二月，鑽石商藤田的日銷售額突破了三億日元，他實現了曾誇下的狂言。

❖《塔木德》智語

「錢在有錢人手裡，賺錢就要賺有錢人的錢。」

錢在有錢人手裡

經濟學有一個著名的「洛侖茲」曲線，這個曲線表明了收入分配規律，即：財富不是平均地掌握在人們的手中，而恰恰相反，擁有收入（財富）的絕大多數的人，只占總人口中的一個比較小的比例。比如說：80％的財富被僅僅20％的人口占有，而其餘80％人只占剩下的20％的財富。

換句話說：錢在有錢人手裡。

這或許是一個再簡單不過的道理，但眞正理解這句話，而且將其運用到商業運作、經營管理中的人卻不多。

從國家統計數字來看，擁有巨大財富、居於高收入階層的人數，比一般人數要少得多。因此，人們都存在這麼一個觀念：消費者少，買的人就少，利潤肯定不高。

絕大多數人都不會想到，居於高收入階層的少數人，卻持有多數的金錢。換句話說，一般大眾和高收入人數比例爲78：22，但他們擁有的財富比例卻要倒過來22：78。

猶太人告訴我們：賺「78％」的錢，絕不吃虧！日本商藤田就看中了這一點，鑽石是一種高級奢侈品，它主要是高收入階層的專用消費品，一般收入的人是購買不起的。他把鑽石生意的眼光投向占人口比例「22%」的有錢人身上，一舉得到巨額利潤。

這是猶太商人智慧的經商哲學，而這一哲學卻源自於他們對生活對世界的看法，這便是「78：22」法則。

我們經常說：「美國人的財富在猶太人的口袋裡。」占美國人口很小比例的猶太人，卻擁有美國大部分的財富，這正好證明了這個道理。

猶太人不僅在美國，還在亞洲的日本、歐洲的一些國家，獨占金融界或商界鰲頭，百萬、千萬、億萬富翁大有人在，如果有人問他們何以生財有道，他們會漫不經心地說一句：「錢本來就在有錢人手裡。」

你或許很不滿意這個好像不是答案的答案，但是請你千萬別誤會，猶太人是告訴你一個眞理：錢在有錢人手裡。所以，我們要賺那些有錢人的錢；這樣就可以快賺錢、賺大錢了。

藤田利用這個法則，不但賺到了有錢人的錢，而且也透過有錢人來引領人們的消費。

我們知道，要使某種商品流行起來，最重要的是先讓它在那些有錢人當中流行，特別是對那些比較昂貴的奢侈品更是這樣。一種商品，當它在有錢人中流行時，就會在一般老百姓中形成一種示範效應。這好比中國明清時代的「蛐蛐熱」、「鬥雞熱」，剛開始，也就是有錢人的公子哥或皇族的少爺小姐們的愛好，後來便有一些稍微有點錢勢、一心向闊少們看齊的一般大眾競相效仿，最後便在普通的百姓中流行起來了。

「人往高處走，水往低處留」，一般人都羨慕上流社會，且願意與上流社會接近，上流社會流行的衣飾、運動、口味風格，無疑對一般人有很大影響，尤其對女性、少男少女影響更甚，他們總去趕潮流，競相模仿。

猶太人深諳此道，並以此來操縱流行趨勢。現代市場瞬息萬變，能夠把握住流行時尚，無疑就握住了賺錢的尚方寶劍，但把握一種流行趨勢談何容易，猶太人「從有錢人下手」的商業策略，眞値得我們學習和借鑑。關注有錢人的流行趨勢，從而引領有錢人的流行時尚，再加上仔細分析研究市場，商家就可以趕上潮流，甚至超前於潮流，這樣就把握了主動，賺錢也就水到渠成了。

經典故事

銀座的猶太人

日本東京銀座有個商人山本，他不僅靠賣漢堡大發其財，而且還做女人和小孩的生意，如鑽石、時裝、高級手提包、玩具等。

在經營過程中，山本特別注意上流社會中有錢人的流行趨勢，無論是鑽石的花樣、服飾的色彩還是手提包的樣式，都是按照有錢人的喜好特製的。結果，他的生意不僅暢銷，而且利厚，二十年來經久不衰，從未發生過「流血大拍賣」的事。

當然，山本先生之所以能戰勝競爭對手，還在於他善於把握流行的時尚。他從實際出發，靈活多變，絕不是只知道選購在歐美最風行的服飾。因爲歐美的服飾只適合那些金髮碧眼、身材修長的歐美女子，而日本的婦女黃皮膚、黑頭髮、個子矮小，和那些服飾很難協調。有錢的人，即使錢再多，也不會買不適合自己的東西。

山本先生取得成功，被稱爲「銀座的猶太人」，這恐怕與他靈活地運用猶太生意經有很大關係。

國家圖書館出版品預行編目資料

洛克菲勒的一毛錢：精打細算的理財智慧／王海倫著. -- 初版. -- 新北市：華夏出版有限公司, 2023.07
面； 公分. --（人格教養；010）
ISBN 978-626-7296-07-3（平裝）
1.CST：家庭教育 2.CST：猶太民族

528.2 112002490

人格教養 010
洛克菲勒的一毛錢：精打細算的理財智慧

著　　作　王海倫
印　　刷　百通科技股份有限公司
　　　　　電話：02-86926066 傳真：02-86926016
出 版 者　華夏出版有限公司
　　　　　220 新北市板橋區縣民大道 3 段 93 巷 30 弄 25 號 1 樓
　　　　　電話：02-32343788　傳真：02-22234544
E-mail：　pftwsdom@ms7.hinet.net
總 經 銷　貿騰發賣股份有限公司
　　　　　新北市 235 中和區立德街 136 號 6 樓
　　　　　電話：02-82275988　傳真：02-82275989
　　　　　網址：www.namode.com
版　　次　2023 年 7 月初版一刷
特　　價　新台幣 320 元（缺頁或破損的書，請寄回更換）

ISBN-13：978-626-7296-07-3